遠讀《史記》

邱詩雯——著

Distant Reading of
"Records of the Grand Historian"

五南圖書出版公司 印行

遠讀《史記》

目　次

第一章

導論：數位人文視野下的遠讀《史記》

第一章　導論：數位人文視野下的遠讀《史記》

數位人文是藉助數位工具來分析人文議題，新視角將帶來新的研究成果。

第一節　什麼是「遠讀」《史記》

　　數位人文（Digital Humanities）是運用數位科技進行人文研究的新興領域。其方法並不只是建資料庫，也不只是利用電腦工具加快研究的速度，而是利用數位科技探討或解決人文領域的問題，或者從人文的角度探索、反思數位科技如何形塑人文世界。[1]換言之，數位人文透過數據的挖掘，讓研究者用新視角分析資料，可以提供了文本新的觀看之道。由於借助數位工具量化統計分析，與傳統文本細讀分析相異，因此 Franco Moretti 以「遠讀」[2]（Distant Reading）稱之。

　　新文獻、新方法、新觀點是人文學科研究產生新結果的要件，數位人文結合數位運算科技與人文研究方法，必然能帶給經典文獻新的研究面貌。《史記》是中國古代史學、文學的經典，成書以來受到文人研究者的關注，形成專學。前輩學者開創了豐富多樣的研究角度，包括司馬遷研究、題評、論

---

[1] 林富士：《數位人文白皮書》（臺北：中央研究院數位文化中心，2017 年），頁 14。

[2] Distant Reading或翻譯成遙讀。Moretti, Franco, *"Distant reading"*（London ; New York : Verso, 2013年）。

贊、評點、史學編纂、文學技巧、思想、文獻、版本、三家注、研究史及研究者等類型。我們面對這些琳瑯滿目的研究成果時，不禁要叩問：伴隨著數位人文新興研究方法的開展，能夠為這個古老的經典作品，注入什麼新的源頭活水，開創出新的研究視角？

Franco Moretti 曾用數位工具探討文學的社會史和文化史現象，運用量化統計討論文學經典如何透過文本、讀者與市場互動而形成；探討小說為何呈現散文形式與偏愛冒險故事；以及應用網路理論，探討戲劇和小說的情節結構。政治大學「歷史與思想數位實驗室」提出 QMTA 合作流程，修正 Franco Moretti 的作法，認為人文研究的課題，應該以人作為核心，提出研究議題（Question），而後將人文的問題轉化成量化研究方法（Methodology），透過機器計算研究成果（Technology），提出新詮釋（Application），反饋生成新的人文問題。這種修正的文學研究新取徑，兼顧「遠讀」和「近讀」，互為表裡。有學者將之稱為「共讀」[3]，亦即運用彈性使用數位工具，配合人文學者精讀的思考，變換「遠讀」和「近讀」的焦距，源源不絕產出新的研究成果與研究命題。本書所稱「遠讀」，即

---

[3]「共讀」一詞，在 2020 年 2 月被王曉光、陳靜於〈數字人文打開文化新視野〉提出，將之定義為：結合為微觀與宏觀視野，幫助學者在紛繁龐雜的信息中快速發現和定位議題，在宏觀的學科脈絡中把握關鍵問題，又可以發揮個人學養專業，深刻探究問題所在，解釋背後的義理與規律。在「共讀」一詞被提出前，近年來已開始有學者嘗試使用這樣的方法解決人文課題，因此「共讀」概念出現的時序應要提早一些。詳見王曉光、陳靜：〈數字人文打開文化新視野（高峰之路）〉，《人民日報》，2020 年 2 月 25 日，20 版。

指這種研究者彈性運用數位工具，配合細讀分析的修正模式。

　　自從 Franco Moretti 提出遠讀的概念之後，數位人文的研究者就不斷地測試數位工具對於文本分析的功能。大體而言，我們可以觀察到包括關鍵詞、人物關係、情感分析、時空場景分布等。關鍵字在一定程度上可以反映文本的主題思想，說明閱讀者迅速建立對文本內容的初步印象。而人物關係則是對小說中的角色進行關係梳理有利於從整體上考察人物親疏關係，能彌補傳統從單一人物深入文本的研究成果。情感分析則是能夠初步掌握文本情節的喜劇或悲劇走向。而時空場景分布能夠更立體的展現敘事文本情節中人物與環境交錯的關係。這些測試的結果，往往以小說為主，除了 Franco Moretti[4]探討莎士比亞戲劇和小說的情節結構，趙薇以《大波三部曲》為例，說明小說重要角色及其階層流動狀態與情節關係[5]；邰沁清、夏恩賞等從幾種數位人文工具討論金庸小說[6]。從上述例子可知，數位人文目前開發出的幾種研究方法，能有效對應到敘事文本研究，並且有人物、環境、情節等方向的內容。

　　《史記》是開創中國紀傳體史書體例的文本，紀傳體既是

---

[4] Moretti, Franco, 第十章〈Network Theory, Plot Analysis〉, *"Distant reading"*（London ; New York : Verso, 2013年）。

[5] 趙薇:〈社會網路分析與「《大波》三部曲」的人物功能〉,《山東社會科學》2018 年9期。趙薇:〈網路分析與人物理論〉,《文藝理論與批評》2020年2月, 頁38-46。

[6] 邰沁清、夏恩賞等:〈數位人文視角下的金庸文本挖掘研究〉,《數位人文》2020 年第 4 期。

敘事文本，也有其特殊性，因此運用數位人文方法對敘事文本研究的探討，能對《史記》的新詮有所啟發。

就數位人文研究而言，如果運用數位人文工具探討文本是一種「遠讀」，那麼，「遠讀」應該也有不同倍率可對焦到不同距離的邏輯。換句話說，不同的數位人文研究方法可以針對同一文本不同方面進行探討，這本書主要探討「變焦遠讀」與編纂旨趣挖掘深度的關係，將以《史記》為例，按照章節層次論述，討論數位人文技術對敘事文本分析的適應性。

而就《史記》而言，《史記》成書之後，歷經二千年的流傳，在文史學者的學術接力下形成專學，近十幾年來陸續出版許多叢書、套書的集成之作。前輩學者為我們奠定了很好的研究基礎，已經從文獻考證、文本細讀分析進行了大量的工作。這本書將運用數位人文的研究新方法，為這古老的研究課題帶來源頭活水，豐富多元的內涵，發揮更多的影響力。

第二節　如何「遠讀」《史記》

數位人文研究會根據研究課題，選用不同的數位人文工具。根據初步統計，目前數位人文分析工具有四千種以上，而且伴隨技術的發展，數量不斷的增加。然而儘管工具如此多元，但常見對於文本研究的方法包括文本探勘和語料分析（Text Mining and Corpus Analysis），以及包含社會關係網路

分析（Social Network Analysis）等類型。前者主要將研究文本視為語料，透過斷詞、標記等數據清洗的步驟，借助電腦計算詞彙的各種數值，進行分析。而後者則是利用圖論結構，將文本中的目標詞彙視為節點，透過節點間關係之有無、強弱、方向等迭代運算，繪製圖像，以可視化的圖像來輔助文本分析與解讀。

前已說明，這本書想要運用「變焦」的方式來「遠讀」《史記》，因此必須綜合運用文本探勘和語料分析和社會關係網路分析方法，藉以探討《史記》作者、引書、結構、旨趣、影響等層面。因此，筆者先就相關研究方法與成果進行回顧，以確知數位人文方法對於研究的適用性。

在文本探勘和語料分析方面，首先是詞頻分析技術。研究包括邱偉雲〈關鍵詞叢與文本意義挖掘的嘗試〉[7]、謝承恩等〈結合漢典古籍虛詞常見字與統計量化分析進行漢譯佛典譯者風格辨別〉[8]、杜協昌〈利用文本採礦探討《紅樓夢》的後四十回作者爭議〉[9]、鄭文惠〈情感現象學與色彩政治學——中唐詩歌白色抒情系譜的數位人文研究〉[10]等，學者多從個案

---

[7] 邱偉雲：〈關鍵詞叢與文本意義挖掘的嘗試：以《清季外交史料》為例〉，《數位人文在歷史學研究的應用》（臺北：國立臺灣大學出版中心，2011年），頁 159-188。

[8] 謝承恩等：〈結合漢典古籍虛詞常見字與統計量化分析進行漢譯佛典譯者風格辨別〉，《數位人文要義——尋找類型與軌跡》（臺北：國立臺灣大學出版中心，2012年），頁 117-140。

[9] 杜協昌：〈利用文本採礦探討《紅樓夢》的後四十回作者爭議〉，《數位人文研究與技藝》（臺北：國立臺灣大學出版中心，2014年），頁 93-120。

[10] 鄭文惠：〈情感現象學與色彩政治學——中唐詩歌白色抒情系譜的數位人文

討論詞頻分析探討風格、情感與作者爭議，雖然採取文本包括清代外交史料、漢譯佛典、《紅樓夢》、中唐詩歌，屬性不盡相同，然而，都是能夠從字頻、詞頻的統計分析，回應到文學文化研究的思考，能借鑑參考其研究方法，對應到《史記》篇章作者與風格問題。

還有詞語顯著性和著述旨趣的研究，以 2010 年 Marina Bondi 主編的《Keyness in Texts》一書為要 [11]。該書匯集 13 個研究，分為三類，包含關鍵性性質、特定話語環境下的關鍵性研究，以及教學研究。上述諸篇從平台使用、計算方法說明到研究設計，對於本書探討詞語顯著性和《史記》著述旨趣之間的關係具有啟發作用。

還有共現關係和關係網路，對於探討《史記》篇章結構和人物關係有所助益。共現關係本是一定段落間兩個以上特定詞語共同出現的狀態，如特定詞語是概念詞，就可以分析思想觀念；如特定詞語是人名，即可探討文本人物的互動關係。而計算共現關係的頻率，又可以和社會關係網路理論結合，作為關係權重，繪製出關係網路圖。金觀濤等〈「共現」詞頻分析及其運用－以「華人」觀念起源為例〉[12]，採用劉昭麟研

研究〉，《數位人文──在過去、現在和未來之間》（臺北：國立臺灣大學出版中心，2016 年），頁 207-258。

[11] Bondi, Marina & Mike Scott (eds.), "*Keyness in Texts*"（Amsterdam/Philadelphia: John Benjamins Publishing Company.2010 年），pp.251。

[12] 金觀濤等：〈「共現」詞頻分析及其運用－－以「華人」觀念起源為例〉，《數位人文要義──尋找類型與軌跡》（臺北：國立臺灣大學出版中心，2012 年），頁 141-170。

發「共現詞頻分析法」為數位輔助程式，透過《清季外交史料》（1875－1911年）對於「華工事件」的描述，從事件中諸多「關鍵詞」內涵的歷時性變化中，觀察「華人觀念」是如何隨著「華工事件」認知焦點的轉移而逐漸形成脈絡。研究者從高共現頻度之共現詞組中，架構出以事件為核心之重要關鍵詞叢，觀察事件與觀念之間的互動過程。以人名作為關鍵詞探討共現關係者，主要可參考趙薇〈社會網路分析與「《大波》三部曲」的人物功能〉、〈網路分析與人物理論〉[13]兩篇，儘管趙薇研究文本是現代小說，但是對於角色人物和網路理論的應用，富有參考價值。當然，除了數位人文幾種研究方法外，對於《史記》作者、引書、結構、旨趣等研究成果等也應要有所掌握，筆者於各章討論至相關主題時隨文回顧之。

筆者主要使用的數位人文工具與平台包括 Docusky、CORPRO、CTEXT 和 Gephi。

DocuSky 數位人文學術研究平台[14]是由國立臺灣大學數位人文研究中心、資訊工程學系數位典藏與自動推論實驗室規劃，項潔教授主持，杜協昌博士設計開發。該平台提供一鍵式功能以構建全文搜索數據庫以及用於分析和可視化的工具，可由研究者自行上傳文本，進行標記與編輯、轉換文本

---

[13] 趙薇：〈社會網路分析與「《大波》三部曲」的人物功能〉，《山東社會科學》2018年9期。趙薇：〈網路分析與人物理論〉，《文藝理論與批評》2020年2月，頁38-46。

[14] 臺灣大學數位人文研究中心（2017, 2021年）。DocuSky 數位人文學術研究平台。擷取於112年9月24日，https://docusky.org.tw/。

格式、建庫與重整、探勘與分析、GIS 視覺化等工作，並能與
CBETA、CTEXT、Kanripo、WikiSource、CBDB 等外部資源
串接，是一個符合人文學者研究需要，進行個人化材料整理、
使用與分析的網路平台。筆者主要運用 Docusky 的探勘與分
析功能，討論作品風格與《史記》篇章作者。

　　CORPRO 庫博中文獨立語料庫分析工具 [15]，由國立臺灣
大學關河嘉、陳光華教授共同主持開發，並由國立海洋大學
林川傑教授擔任系統維護團隊。該軟體以「語料庫語言學」
為基礎，讓研究者能夠自行載入文本，進行各種電腦輔助文
本分析。其功能主要包括詞頻統計、詞彙之間的搭配關係、
關鍵詞分布、共現頻率、共現分析、共現組合、詞語趨勢等，
並可藉由不同文本語料庫的比較，計算文本間的詞語顯著性。
筆者運用軟體功能，計算關鍵詞分布、詞語共現關係和詞語
顯著性，探討《史記》引書、結構及其旨趣等主題。

　　CTEXT（Chinese text project），中文名稱為「中國哲學電
子書計畫」（Chinese text project，簡稱 Ctext），是由 Sturgeon,
Donald （德龍）博士所開發的線上開放電子圖書館 [16]，通過
電子科技探索新方式與古代文獻進行溝通。收藏的文本已超
過三萬部著作，並有五十億字之多。並提供包括字頻統計、

---

[15] 關河嘉、陳光華：〈庫博中文獨立語料庫分析工具之開發與應用〉，項潔：
　　《數位人文研究與技藝第六輯》（臺北：國立臺灣大學出版中心，2016 年），
　　頁 285-313。
[16] Sturgeon, Donald (ed.). 2011。中國哲學書電子化計劃。擷取於 112 年 9 月 28
　　日，*https://ctext.org/zh*。

段落相似度、關係網路、文字雲等線上數位人文工具。筆者運用段落相似度功能，探討《史記》及其引書，以及《史記》、《漢書》比較等主題。

　　而 Gephi 是一套可繪製關係網路的開源軟體，針對網絡分析領域的數據進行可視化處理，由法國貢比涅技術大學團隊所開發。Gephi 內建多種計算功能，包括中心性度量、統計度量以及動態分析等，並支援模塊化的計算，能幫助研究者分析關係網路，繪製可視化圖像，以洞察網路中的模式。

　　本研究採用的主要文本，以中央研究院標記完成的上古漢語語料庫[17]版本為底本，結合中華書局點校本重校修正而成。我們知道，數位人文研究的前提必須要有數位文本，除了全文建檔之外，同時由於語料分析仰賴正確斷詞的文本，因此採用已斷詞完成、全文標記的文本，能降低干擾與誤讀。為了精益求精，筆者再以北京中華書局《史記》點校修訂本[18]校正語料庫文字。該版本以清同治年間金陵書局《史記集解索隱正義》合刻一百三十卷本爲底本，金陵書局本由張文虎主持刊刻，主要參考錢泰吉校本及多種版本，吸收清代《史記》考據梁玉繩、王念孫、錢大昕等人的研究成果，改正《史記》正文及三家注錯誤甚多，是清末以來影響最大的《史記》善本。1959 年中華書局以張本為底本，發行點校本，1982 年發

行二版。筆者以 1982 年點校本[19]的文字，調校語料庫的文字內容，以此數位善本進行分析研究，提高研究的信度和效度。

第三節　「遠讀」《史記》的角度

不同的數位計算方法，對應到不同「距離」的文本研究主題。《史記》私淑孔子，是司馬遷「究天人之際，通古今之變，成一家之言」[20]的著作，既是史書，也展現了其歷史哲學。

孟子曰：「其事則齊桓、晉文，其文則史。孔子曰：『其義則丘竊取之矣。』」[21]說明孔子修《春秋》，有事件內容、文法體例和義理旨趣三個層次。司馬遷述往事，思來者，撰成《史記》，當然也包含了「其事」、「其文」、「其義」等內涵。並且，筆者為了豐富研究面向，筆者再加上「其人」、「其影響」兩部分，成為本書的第二到第六章。運用不同的數位人文計算方法切入，檢視上述《史記》文本相關的幾個主題。其章節結構安排如圖 1.1。

---

[19] 北京中華書局曾於 2013 年新出修訂本，卻有部分存有文字誤校、標點問題，因此本書仍先以 1982 年較通用的版本為主。

[20] 漢・司馬遷：〈報任少卿書〉，收入梁・蕭統：《文選》（臺北：藝文印書館，1991 年十二版），頁 592。

[21] 戰國・孟軻著，清・焦循疏，沈文倬點校，《孟子正義》（北京：中華書局，1972 年），卷 16，〈離婁下〉，頁 574。

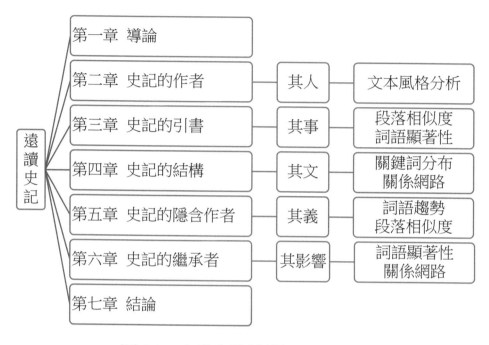

圖 1.1　本書章節結構說明圖

全書第一章為導論，說明研究的背景、方法與架構。第七章為結論，歸納整理研究之發現與心得。第二到第六章為主要研究章節，依序針對「其人」、「其事」、「其文」、「其義」及「其影響」分章論述，並將主要使用的數位人文方法標示於圖 1.1 之中。部分章節內容曾陸續將初稿宣讀於研討會中，或為期刊專書單篇研究的後續延伸探討。並非僅將單篇論文結集成冊，而是重新整理文本、運算數據、分析結果以闡述申論。在此敘明，姑作筆者研究歷程之實錄。

　　第二章〈風格分析：《史記》的作者〉，是筆者就《史記》學篇章作者的學術公案的再探。筆者曾於 2018 年探討《史記》世家篇章作者，發表〈《史記》作者數位化研究初探－以三十

世家虛字字頻為例〉[22]。該文運用 DocuSky 平臺中「文本詞彙頻率統計工具」，以《史記》三十篇世家文本為對象，探討各篇文字使用詞頻的異同。此次擴大為全書篇章的探討，選用標記完成的《史記》文本提高計算正確率，並以總體風格分析、詞性分類、異文三面向重新檢視這個主題，獲得全新的結論。

　　第三章考察《史記》其事，討論歷史撰述資料來源問題。《史記》既為史書，其資料來源絕非憑空杜撰，而應有所本。本章主要先運用段落相似度比對，討論《史記》及其引用文獻之間的異同。再計算詞語顯著性，檢視《史記》改寫文獻反映出的特徵。本章初稿〈數位人文視野下史記的述與作〉曾在 2022 年 5 月宣讀於「傳承・通變・挑戰：漢學的視域融合－臺灣師大百年校慶國際學術研討會」中。當時的詞語顯著性計算並未採用標記過後的文本，此次更新《史記》文本，重新計算數據，提高計算正確度，並且修正補充相關論述。

　　第四章從其文的角度切入，討論《史記》的體例、篇章與人物關係等結構問題。《史記》以本紀、表、書、世家、列傳等五體規模，下啟紀傳體的正史傳統，是中國史學的特殊體例。筆者聚焦結構布局，使用關鍵詞分布、關係網路等方式探討篇章關聯性，並用共現關係計算，從《史記》的人物關係圖，思考司馬遷謀篇布局的章法。筆者自 2021 年開始，曾先

22　邱詩雯：〈《史記》作者數位化研究初探－以三十世家虛字字頻為例〉，《數位典藏與數位人文》2 期(2018 年 10 月)，頁 49-69。

後就關鍵詞分布與紀傳體關係、《史記》人物共現問題、紀傳體可視性圖像等主題，口頭報告研究心得於國際工作坊和研討會中 23，於會中獲得許多方法的建議。此次重新組織架構，設定研究流程、清洗數據，獲得嶄新的研究結果與分析，對於釐清《史記》這種特殊敘事結構，有更多元的認識。

第五章是將孔子視為《史記》的隱含作者，討論孔子對司馬遷的影響，並分析司馬遷如何化用孔子於《史記》行文之中的情形。隱含作者（implied author）原是美國文學理論家韋恩·布斯（Wayne Booth）在《小說修辭學》（1961）中提出的概念，用來指稱一種人格或意識在敘事文本中體現出來的樣貌。司馬遷私淑孔子，孔子反覆出現在《史記》的字裡行間，其目的與作用，透過數位人文詞語趨勢、關係網路等，可以看得更加清楚。本文初稿〈《史記》隱含作者可視性分析〉，最初於 2022 年 6 月宣讀於新加坡南洋理工大學主辦之「文圖學與東亞文化交流國際學術論壇」，會後收入《大有萬象：文圖學古往今來》論文集之中 24。此次考慮全書論述的架構及完

---

23 三場會議依照時間順序依序為：邱詩雯：〈從關鍵詞分布反思《史記》紀傳體例〉，「Rethinking the Datafication of Culture in the Chinese World: An Online Workshop on the Digital Humanities」，香港：香港城市大學，2021 年 6 月。邱詩雯：〈以社會關係網絡分析《史記》人物共現關係〉，DADH2021，彰化：國立彰化師範大學，2021 年 12 月。邱詩雯：〈紀傳體可視性圖像探析：以《史記》的表為軸心〉，DADH2022 第 13 屆數位典藏與數位人文國際研討會，臺中：國立中興大學，2022 年 12 月。

24 邱詩雯：〈《史記》隱含作者可視化分析〉，「文圖學與東亞文化交流線上國際學術研討會」，新加坡：南洋理工大學，2022 年 6 月。經改寫收入衣若芬主編：《大有萬象：文圖學古往今來》（新加坡：文圖學會，2022 年 10 月），頁 241-248。

整性，重新運用標記過後的文本，整理敘事時間軸，並新增
比對論贊文字段落相似度，觀察司馬遷明引與暗用孔子，討
論孔子在行文出現的作用，補強論述、延伸研究，掌握司馬
遷私淑孔子的方式，以探求《史記》「其義」的撰述旨趣。

　　第六章是在觀察《史記》其人、其事、其文、其義後，針
對《史記》其影響，以數位人文詞語顯著性計算和關係網路
繪製等方法，分析《史記》對史學、文學和文學批評的影響。
在史學部分，以詞語顯著性對讀《史記》、《漢書》，比較異同。
其研究構想曾於 2021 年 10 月口頭宣讀於檀國大學主辦的「東
亞古籍人文數字國際研討會」中 [25]，當時進行了初步探討。
此次更新為標記完成的文本，並修正分析數據更新研究成果。
而在《史記》對文學的影響方面，主要先以史論文為例，就詞
語顯著性及其關鍵詞分布，觀察北宋文人對《史記》的繼承。
最後再討論《史記》文學批評的傳承，筆者曾在 2021 年發表
〈運用 SNA 探討清代《史記》評點閱讀接受網路〉一文 [26]，
從明清評本間的引用，繫連關係網路，討論《史記》在文學批
評的薪傳。這次更新數據和圖像，表現明清評點家引用關係，
更新增清代評家對於《史記》風格的討論，觀照《史記》對後
世影響的全貌。

　　本書紙本為單色印刷，數位彩色圖像存於雲端，請隨文參

---

[25] 邱詩雯：〈以詞語顯著性對讀《史記》、《漢書》探析〉，宣讀於「2021 東
亞古籍人文數字國際研討會」，韓國：檀國大學，2021 年 10 月。

[26] 邱詩雯：〈運用 SNA 探討清代《史記》評點閱讀接受網絡〉《臺北大學中文
學報》29 期（2021 年 3 月），頁 357-391。

看。(https://bit.ly/遠讀史記)

　　本書的研究曾前後兩年獲得國科會「《史記》人機共讀方法研究」、「遠讀《史記》專書寫作計畫」支持，讓研究得以開展，特此致謝。

第二章

風格分析：
《史記》的作者

第二章　風格分析：《史記》的作者

風格分析是統計作者下筆的慣用詞彙，區別寫作風格的相似程度。

　　《史記》是司馬遷（前 135－？）紹繼祖業，根據父親司馬談（？－前 110）手稿，並且鎔鑄先秦漢初文獻百種而成。《史記》成書之後，部分篇章散佚，主要由褚少孫（？－？，約西漢元成間）續補部分段落文字，並以「褚先生曰」標示續補段落。因此今本《史記》主要包含司馬遷創作、司馬遷改寫司馬談舊稿，以及褚少孫增補文字。前輩學者多根據傳統文獻學內外校方法，推論篇章的可能作者問題，希望能釐清司馬談舊稿。本章使用數位人文方法敘事風格分析幾種向度，再探《史記》篇章的作者問題。

第一節　《史記》的作者與竄補者

　　《史記》原名《太史公書》，是西漢時代司馬遷紹述祖業而成。司馬遷在成書之時，曾寫下〈太史公自序〉記錄成書原因：

> 太史公既掌天官，不治民。有子曰遷。……是歲天子始建漢家之封，而太史公留滯周南，不得與從事，故發憤且卒。

而子遷適使反，見父於河洛之間。太史公執遷手而泣曰：「余
先周室之太史也。自上世嘗顯功名於虞夏，典天官事。後世
中衰，絕於予乎？汝復為太史，則續吾祖矣。……余死，汝
必為太史；為太史，無忘吾所欲論著矣。……」遷俯首流涕
曰：「小子不敏，請悉論先人所次舊聞，弗敢闕。」……卒
三歲而遷為太史令，紬史記石室金匱之書。[27]

上文出自〈太史公自序〉，為《史記》全書一百三十篇的末卷，是
司馬遷自述其著述動機的篇章。從上述文字可知，司馬遷的父親原
為太史令，元封元年（前 110）反對漢武帝行封禪事，被漢武帝下
令不得伴駕，因而留滯洛陽，並在臨終前吩咐其子司馬遷必須繼承
祖業，「無忘吾所欲論著」，需根據「先人所次舊文」論次其文。劉
知幾《史通》曰：「孝武之世，太史公司馬談，欲錯縱古今，勒成
一史，其意未就而卒，子遷乃述父遺志。[28]」而鄭樵《通志》也說：
「司馬談有其書，而司馬遷能成其父志。[29]」可知《史記》的起草，
源自於司馬遷的父親司馬談，而司馬遷是淵源龍門家學，紹繼其父
司馬談的志業而成書。

　　元封元年，司馬遷 36 歲，秉承父親遺志，三年後繼承太史令
的職位。歷經十八年，於征和三年（前 30）定稿，撰成《史記》。

27〈太史公自序〉，漢·司馬遷：《史記》（北京：中華書局，1982 年二版），頁 3293-
　3296。
28 唐·劉知幾：《史通通釋》（臺北：臺灣商務印書館，1965 年），卷 12，頁 84。
29 宋·鄭樵：《通志》（臺北：臺灣商務印書館，1959 年），頁 1。

30《史記》成書之後，司馬遷分別在〈太史公自序〉和〈報任安書〉中，說明了這本書的「出版」與保存狀況：

> 凡百三十篇，五十二萬六千五百字，為《太史公書》……
> 藏之名山，副在京師，俟後世聖人君子。[31]

> 僕誠已著此書，藏之名山，傳之其人通邑大都。[32]

根據司馬遷〈太史公自序〉和〈報任安書〉，《史記》成書之後，共有一正本、一副本，藏於國家書府之中。《漢書·楊惲傳》云：「惲始讀外祖〈太史公記〉，頗為《春秋》，以材能稱。[33]」，而《漢書·司馬遷傳》又說：「遷既死，後其書稍出。宣帝時，遷外孫平通侯楊惲祖述其書，遂宣布焉。[34]」知〈太史公自序〉和〈報任安書〉的藏本、副本，應有一部為家藏本。而《史記》部分一直到楊惲公諸於世，部分篇章才得以傳寫為世人所知。然而，《史記》雖有正本、副本，但全部的篇章並沒有被完整的保留下來。到了東漢班固（32－92）編寫《漢書》時，就已經有十篇「有錄無書」的狀況：

---

30 王國維〈太史公行年考〉：「今觀《史記》中最晚之記事，得信為出自史公手者，唯〈匈奴列傳〉李廣利降匈奴事。餘皆出後人續補者也。」，張大可、趙生群編：《史記文獻與編纂學研究》（北京：華文出版社，2005 年），頁 35。

31 〈太史公自序〉，漢·司馬遷：《史記》（北京：中華書局，1982 年二版），頁 3319-3320。

32 司馬遷〈報任少卿書〉，收入梁·蕭統：《文選》（臺北：藝文印書館，1991 年十二版），頁 592。

33 〈楊惲傳〉，漢·班固撰：《漢書》（臺北：鼎文書局，1986 年），頁 2889。

34 〈司馬遷傳〉，漢·班固撰：《漢書》（臺北：鼎文書局，1986 年），頁 2737。

序略，以拾遺補藝，成一家言，協六經異傳，齊百家雜
語，臧之名山，副在京師，以俟後聖君子。第七十，遷之自
敘云爾。而十篇缺，有錄無書。[35]

《漢書》本傳稱其十篇闕，有錄無書，可惜班固並沒有說明十篇的
具體篇目，不然我們就能更清楚《史記》流傳的脈絡。歷來學者對
於《史記》的闕文，多所考證，班固曾提及《史記》有十篇內容亡
佚，魏人張晏則詳列十篇亡書者為〈景紀〉、〈武紀〉、〈禮書〉、〈樂
書〉、〈兵書〉、〈漢興以來將相表〉、〈三王世
家〉、〈傅靳列傳〉、〈日者列傳〉、〈龜策列傳〉。
但也有學者持不同看法，認為十篇應是草創
未成，或是佚而復出等。[36] 現行《史記》有
部份篇章有綴補的痕跡，其中最有名的是西
漢元、成之間的褚少孫。

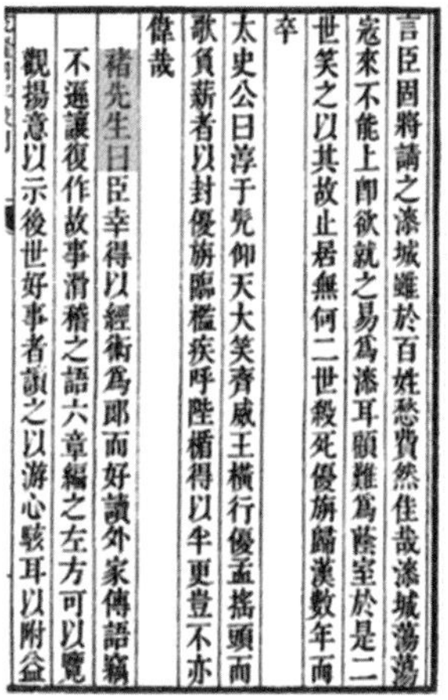

褚少孫，西漢宣帝元康初年入仕為郎，
後遷侍郎，潁川人。元成之間[37]，由褚少孫
補缺《史記》。　褚少孫是有意為《史記》續
補的史家，在其續補的段落開始處，皆統

圖 2.1　《史記》書影

---

[35] 〈司馬遷傳〉，漢・班固撰：《漢書》（臺北：鼎文書局，1986 年），頁 2724。

[36] 關於《史記》的亡缺，自魏至今探討學者甚多，知名者如劉知幾、陳振孫、王鳴盛、
梁玉繩、梁啟超、余嘉錫、李長之等，各有論證。詳見張大可等：《史記文獻與編纂
學研究》（北京：華文出版社，2005 年），頁 108-118。

[37] 一說在宣、元之間，易平：〈褚少孫補《史》新考〉，《臺大歷史學報》第 25 期（2000
年 6 月），頁 151-180。

一使用「褚先生曰」開端，如圖 2.1 書影。[38]換言之，今本《史記》中有稱「褚先生曰」者，皆少孫所補述，以有別於「太史公曰」。張大可統計褚少孫續史篇目及字數分別為：〈三代世表〉（810 字）、〈建元以來侯者年表〉（3052 字）、〈漢興以來將相名臣年表〉（1439字）、〈陳涉世家〉（953 字）、〈外戚世家〉（1180 字）、〈梁孝王世家〉（1153 字）、〈三王世家〉（1888 字）、〈張丞相世家〉（1204 字）、〈田叔世家〉（1158 字）、〈滑稽列傳〉（4145 字）、〈日者列傳〉（409字）、〈龜策列傳〉（7664 字）等，共 12 篇，25055 字。[39]《史記集解》引張晏曰：「元成之間，褚先生補闕，作〈武帝紀〉、〈三王世家〉、〈龜策〉、〈日者列傳〉，言辭鄙陋，非遷本意也。」張守節《史記正義》也有類似的看法。但不論如何，今本《史記》可見文字，褚少孫至少是一位負責任的續史者，不奪人之美，對自己增補的文字有清楚的標示，也因此在今日欲還原《史記》篇章作者問題時，可以清楚的釐清褚少孫續史文字。

除了褚少孫，《史記》歷經數千年的流傳，還有部份讀史者增竄的文字。最著名的篇章就是〈秦始皇本紀〉篇末引入〈過秦論〉上、中篇，共 2872 字，據張大可整理，還有〈樂書〉、〈歷書〉、〈孔子世家〉、〈楚元王世家〉、〈齊悼惠王世家〉、〈屈原賈生列傳〉、〈酈生陸賈列傳〉、〈平津侯主父列傳〉、〈司馬相如列傳〉等十篇，共 4839 字，是刊印時將手抄本中讀史者備註竄入正文而被保留下者。

---

[38] 漢·司馬遷：《史記》，《武英殿二十四史》本，卷 126，頁 6。
[39] 張大可等：《史記文獻與編纂學研究》（北京：華文出版社，2005 年），頁 126-129。

40這些文字也較容易與正本區別，因此在文本分析時亦可排除不論。因此，今本《史記》的文本，根據學者的研究，包括司馬談、司馬遷、褚少孫、讀史者竄入四種文字，那麼，刪除褚少孫和讀史者竄入的續竄文字，剩下的篇章文字作者就只剩司馬談和司馬遷二人。

第二節　《史記》篇章作者的考證

　　儘管我們知道《史記》一書，刪除褚少孫和讀史者竄入的續竄文字，作者就剩下司馬談和司馬遷，但是對於一百三十篇之中，哪些篇章出自司馬談，哪些文字又出於司馬遷，由於司馬遷並沒有在《史記》中標記，因此《史記》篇章的作者問題，便成為了歷來學者討論的論題之一。

　　方苞〈書史記十表後〉、〈又書太史公自序後〉曾就司馬遷行文間曾稱名太史公處，推論《史記》十表的作者問題：

> 《史記世表》曰「太史公讀」者，謂其父也，故於己所稱，曰「余讀」以別之。41

> 《遷》序十表，惟〈十二諸侯〉、〈六國〉、〈秦楚之際〉、

40　張大可等：《史記文獻與編纂學研究》（北京：華文出版社，2005 年），頁 130-135。

41　方苞〈又書太史公自序後〉，清・方苞《方望溪先生全集》(臺北：臺灣商務印書館，1968 年），頁 47。

〈惠景間侯者〉稱「太史公讀」，謂其父所欲論著也。故於
〈高祖功臣〉稱「余讀」以別之。[42]

方苞認為《史記》十表中，司馬遷紀錄有「太史公讀」的篇章，包
括〈十二諸侯年表〉、〈六國年表〉、〈秦楚之際月表〉與〈惠景間侯
者年表〉四篇，可能出自司馬談之手，而其他篇章如〈高祖功臣年
表〉中「余讀高祖侯功臣，察其首封」[43]云云，則是司馬遷自稱。
由是可知，方苞根據稱謂的行文脈絡區別篇章作者。近當代的學者
如顧頡剛、李長之、趙生群等，也曾各別就紀錄年歲的推導、行文
間的避諱狀況等，展開討論。[44]三人主張司馬談作《史》的篇章整
理如下表 2.1。這些學者的討論，或從交遊上立論，認為部分篇章
「太史公曰」所稱交遊與司馬遷年歲不相及，如顧頡剛推論〈趙世
家〉、〈刺客列傳〉、〈樊酈滕灌列傳〉、〈酈生陸賈列傳〉、〈張釋之馮
唐列傳〉、〈遊俠列傳〉等篇。或從敘事時間斷限立論，如李長之、
趙生群以為〈孝景本紀〉、〈律書〉、〈封禪書〉、〈老莊申韓列傳〉敘
事只到文景時事，不及武帝朝事，因此應為司馬談所作。還有從思
想旨趣上判讀者，如〈太史公自序〉中〈論六家要旨〉的道家思想，
但凡《史記》篇章思想側重道家者，也可能是司馬談所作。我們從

---

42 方苞：〈書史記十表後〉，清・方苞：《方望溪先生全集》（臺北：臺灣商務印書館，1968 年），頁 37。
43 漢・司馬遷：《史記》（北京：中華書局，1982 年二版），頁 877。
44 顧頡剛〈司馬談做史〉收入《史林雜識初編》、李長之〈史記中可能出自司馬談手筆者〉，《司馬遷之人格與風格》第六章第二節。趙生群〈司馬談作史考〉，《南京師院學報》1982 年 2 期。

表 2.1　學者考證司馬談作《史》篇章整理表

#	考證者	司馬談作《史》篇章
1	顧頡剛	〈趙世家〉、〈刺客列傳〉、〈樊酈滕灌列傳〉、〈酈生陸賈列傳〉、〈張釋之馮唐列傳〉、〈遊俠列傳〉、〈太史公自序〉
2	李長之	〈孝景本紀〉、〈律書〉、〈晉世家〉、〈老莊申韓列傳〉、〈日者列傳〉、〈李斯列傳〉
3	趙生群	〈殷本紀〉、〈周本紀〉、〈秦本紀〉、〈秦始皇本紀〉、〈曆書〉、〈天官書〉部分、〈封禪書〉、〈陳杞世家〉、〈宋微子世家〉、〈齊太公世家〉、〈魯周公世家〉、〈管蔡世家〉、〈衛康叔世家〉

這些學者的討論可以看到，傳統的《史記》研究方法，從清初到現當代，探討文獻的方式仍然屬於文本內在理校及引用外部證據進行他校的方式。然而，不同學者的考證有時也有互相矛盾的問題，如〈趙世家〉的作者，顧頡剛根據〈趙世家〉贊語「吾聞馮王孫曰」語，認為「馮遂與遷年齒不相及，是篇出談手無疑」，主張〈趙世家〉為司馬談所作。但李長之卻認為〈趙世家〉將張孟談寫成「張孟同」，為司馬遷避諱其父司馬談的名諱，因此應該是司馬遷所作。對於〈趙世家〉的作者，二人的主張明顯不同。又如前引方苞認為《史記》行文中「余」為司馬遷自稱之詞，但在顧頡剛認為〈刺客列傳〉贊語中「始公孫季功、董生與夏無且游，具知其事，為余道之如是」云云，公孫季功、董生與司馬遷年齒不相及，此處「余」應指司馬談，又與方苞對於「余」的稱謂看法有異。因此，不同學

者引用不同文獻考據的方式，致使篇章作者認定，眾說紛紜，而缺乏相對客觀的檢驗標準。

不同的作者用字習慣不盡相同，比如某些人言談間喜歡用語尾助詞，有些人發話則習慣使用特定連接詞。數位人文研究中的文本風格分析，就是運用數位運算，計算不同語料間用語的相似程度，以《紅樓夢》前 80、後 40 回為最知名的研究案例。[45]如果我們將《史記》文本視為語料，運用數位人文的風格分析方法，是否能夠在數位人文工具的幫助下，找到《史記》篇章間遣詞用字風格的差異，進而作為前人研究結果的佐證？抑或是，雖然前輩學者透過字裡行間的蛛絲馬跡，推論司馬談作史篇章，但是當司馬遷獲得父親底稿後，並非直接剪裁作為部份篇章，而是經過改寫，致使篇章間的行文風格一致，並無明顯遣詞造句差異？

第三節　運用數位人文風格分析《史記》篇章作者

筆者用《史記》為研究文本，根據前人考證成果將文本分為三類：可能為司馬談所寫、司馬遷自著、褚少孫續寫。採用整體風格

---

[45] 陳大康：〈從數理語言學看後四十回的作者—與陳炳藻先生商榷〉，《紅樓夢學刊》，1 期（1987 年），頁 293-318。杜協昌：〈利用文本採礦探討《紅樓夢》的後四十回作者爭議〉，在項潔編：《數位人文研究與技藝》（臺北：國立臺灣大學出版中心，2014 年），頁 93-120。

分析、詞類詞頻統計、異文比例三種方法，回應上述問題。

　　筆者先整理研究文本，選用以中華書局校對本校正過、臺灣中央研究院上古標記漢語語料庫的《史記》作為主要研究文本，用詞性標記提高資料清洗的準確率。

　　接著，根據張大可的考證 [46]，將《史記》文本中後人補竄者刪除，包括好事者補亡《史記》中〈孝武本紀〉、〈禮書〉、〈樂書〉、〈律書〉篇章，以及〈秦始皇本紀〉、〈樂書〉、〈歷書〉、〈孔子世家〉、〈楚元王世家〉、〈齊悼惠王世家〉、〈屈原賈生列傳〉、〈酈生陸賈列傳〉、〈平津侯主父列傳〉、〈司馬相如列傳〉增竄文字，共 21717 字。

　　然後，將褚少孫續補《史記》〈三代世表〉、〈建元以來侯者年表〉、〈漢興以來將相名臣年表〉、〈陳涉世家〉、〈外戚世家〉、〈梁孝王世家〉、〈三王世家〉、〈張丞相世家〉、〈田叔列傳〉、〈滑稽列傳〉、〈日者列傳〉、〈龜策列傳〉共 12 篇 25055 字獨立釐析出來，成為對照組的文本。

　　再來，由於顧頡剛、李長之、趙生群三人對於疑似司馬遷改寫司馬談的篇章認定有所不同，因此筆者將實驗組分成顧、李、趙三組，然後將扣除後人竄入、褚先生增補、疑似司馬談所作篇章以外的文本，作為司馬遷獨力完成一組。

---

46 張大可等：《史記文獻與編纂學研究》（北京：華文出版社，2005 年），頁 130-135。

最後，獲得司馬遷自作一組，顧、李、趙三組考證疑似司馬談作三組，以及褚少孫續補一組，共五組文字。各組文字的字數統計如下表 2.2：

表 2.2 《史記》篇章作者各組字數統計表

#	組別	說明	字數
1	司馬遷自作	全文扣除竄入者及 2－5 組篇章文字	333,108 字
2	顧頡剛考證司馬談作	〈趙世家〉、〈刺客列傳〉、〈樊酈滕灌列傳〉、〈酈生陸賈列傳〉、〈張釋之馮唐列傳〉、〈游俠列傳〉、〈太史公自序〉	33,336 字
3	李長之考證司馬談作	〈孝景本紀〉、〈律書〉、〈晉世家〉、〈老莊申韓列傳〉、〈日者列傳〉、〈李斯列傳〉	51,981 字
4	趙生群考證司馬談作	〈殷本紀〉、〈周本紀〉、〈秦本紀〉、〈秦始皇本紀〉、〈歷書〉、〈天官書〉部分、〈封禪書〉、〈陳杞世家〉、〈宋微子世家〉、〈齊太公世家〉、〈魯周公世家〉、〈管蔡世家〉、〈衛康叔世家〉	74,809 字
5	褚少孫續補	〈三代世表〉部分、〈建元以來侯者年表〉部分、〈漢興以來將相名臣年表〉部分、〈陳涉世家〉部分、〈外戚世家〉部分、〈梁孝王世家〉部分、〈三王世家〉部分、〈張丞相世家〉部分、〈田叔世家〉部分、〈滑稽列傳〉部分、〈日者列傳〉部分、〈龜策列傳〉部分	25,055 字

在選用數位工具方面，筆者採用三種判讀方法：整體風格分析、詞類詞頻統計，以及異文比例，由大而小檢測幾組文本間的風格差異。

整體風格分析主要使用臺灣大學開發的 Docusky 平臺[47]，該平臺提供四種不同寫作風格分析方式，筆者採用「Yang's Rank-Frequency Distance」作為主要方法。Rank-Frequency Distance 藉由「詞頻在文本間的排名差距」和「詞頻」計算兩文本間的寫作風格差異程度。[48]透過計算任兩單位之間的差距值，來觀察文本間的寫作風格差異程度。換言之，可以透過 Rank-Frequency Distance 的計算方法，觀察幾組疑似司馬談及褚少孫續補文字，與司馬遷自作文字的相似程度，藉以區別篇章作者。

在整體風格分析方面，獲得下表 2.3：

表 2.3　《史記》各組總體風格分析表

	司馬遷	顧頡剛	李長之	趙生群	褚少孫
褚少孫	7.974	2.025	1.440	4.262	
趙生群	3.639	2.571	3.654		
李長之	7.347	1.479			
顧頡剛	5.485				
司馬遷					

---

47 臺灣大學數字人文研究中心（2017，2021 年）。DocuSky 數位人文學術研究平臺。擷取於 2022 年 10 月 20 日，https://docusky.org.tw/。

48 Yang AC, Peng CK, Yien HW, Goldberger AL, "Information categorization approach to literary authorship disputes." Science Direct, 2003, pp.473-483.

上表是藉由詞字頻在文本間的排名差距和詞頻，計算文本間的寫作風格差異程度，數值越高，文本間的風格差異越大。表 2.3 中差異最大的是司馬遷和褚少孫，剛好反映了續補文本與原本中的差異較大的特性。而在改寫組中，根據總體風格分析的計算，差異由大到小依序是李長之組>顧頡剛組>趙生群組。這樣的結果，反應了改寫組中，李長之判斷的篇章所呈現出來的文字使用風格，與司馬遷的寫作風格差異較大，其次是顧頡剛，最後是趙生群的部份。

　　然而，上述的風格計算方式，考慮的是詞頻和其在文本間的排名差距，筆者接著使用庫博中文獨立語料庫分析工具[49]，透過詞性標記的指引，歸納分析幾組文字同一詞性詞彙使用的頻率，希望能夠獲得更加精緻的分析結果。

　　由於《史記》成書以後，歷來學者皆將之視為必讀典籍，歷代皆有研究者，逐漸成為專學。吳慶峰曾針對《史記》虛字進行統計整理[50]，收《史記》單音虛詞 457 條，複合虛詞 23 條，慣用詞組 10 條，固定格式 4 條，共計 494 條。虛詞又可區分成連字、介字、嘆字幾種。筆者將前述已經斷詞完成、標記詞性的幾組文本，輸入庫博中文獨立語料庫，統計各組間連詞、介詞、代詞的詞頻比例。

　　那麼詞頻統計的結果是否和整體風格分析相同呢？筆者將連

---

[49] 關河嘉、陳光華：〈庫博中文獨立語料庫分析工具之開發與應用〉，項潔編：《數位人文研究與技藝第六輯》(臺北：國立臺灣大學出版中心，2016 年)，頁 285-313。

[50] 吳慶峰：《史記虛詞通釋》，濟南：齊魯書社，2006 年。

詞、介詞、嘆詞分成三組觀察，如圖 2.2 所示。

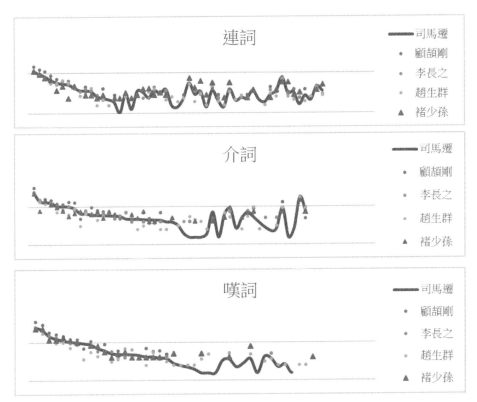

圖 2.2　《史記》各組連詞、介詞、嘆詞詞頻統計表

我們可以看到，褚少孫的續作組，在連詞和嘆詞的運用上，與司馬遷差異較大，而在介詞的部分，區別較不明顯。然而，用肉眼觀察圖表的區別並不精準，因此筆者進一步計算各組間的相關係數，其計算方法如下：

$$相關係數 = \frac{資料\ 1\ 和資料\ 2\ 的共變異數}{資料\ 1\ 的標準差 \times 資料\ 2\ 的標準差}$$

相關係數用以反映變數之間相關關係密切程度的統計指標，筆者將司馬遷所寫文字作為對照組，其他各組文字作為比較組，分別計算各組間的相關係數，將相關係數計算的數值製表，可得下表 2.4：

表 2.4　《史記》各組詞類相關係數表

	連詞	介詞	嘆詞
司馬遷	1	1	1
顧頡剛	0.993	0.996	0.998
李長之	0.994	0.985	0.998
趙生群	0.995	0.982	0.99
褚少孫	0.974	0.994	0.968

透過相關係數的整理，我們可以看見褚少孫續補文字在連詞和嘆詞的運用特性上，與司馬遷差異較大。在介詞的使用慣性上，卻沒有明顯的區別。這似乎說明了如要以詞性統計作為風格判斷標準，或可優先考慮連詞和嘆詞。換言之，以連詞和嘆詞的角度切入，能獲得較準確的分析結果。然而，如果我們進一步就連詞和嘆詞觀察顧頡剛、李長之、趙生群三位學者考證的篇章，似乎與司馬遷的行文慣性十分相近。那麼，儘管從連詞和歎詞的使用，我們找不到明確區別篇章作者的證據，但就反面而言，這正反應了《史記》的篇章，儘管有部份或取材於司馬談舊稿，但司馬遷卻已經過改寫，導

致今日所見《史記》篇章，運用數位遠讀行文風格，無法獲得顯著的區別。

我們知道，不同的作者有時會有書寫的用字慣性，在異文的使用時，往往會有固定的慣性。舉例來說，「因此」和「所以」的意思和詞性皆相同，因此在寫作時，兩者皆可使用。但是不同的作者會有不同的喜好習慣，造成異文被使用的頻率有所區別。因此，針對《史記》篇章究竟能否區別出篇章作者的問題，筆者再進一步聚焦在這些篇章的異文情形。

《史記》長達五十餘萬言，也存在著許多的異文。如「乃」當作副詞使用時，也可以寫作「迺」；而「女」當作第二人稱代詞時，也可以寫作「汝」。上述的現象就是異文，或稱可互代詞。筆者用副詞「乃—迺」，代詞「女—汝」表示。筆者先統計《史記》副詞「乃—迺」，代詞「女—汝」異文的比例如下表 2.5：

表 2.5　《史記》各組可互代詞組比例表

	司馬遷	顧	李	趙	褚
乃－迺	10.74	34	12.00	34.44	-
女－汝	3.98	-	-	11.29	0.75

從異文可以觀察出作者的用字習慣，上表 2.5 中的數值，是指異文的使用比例。舉例來說，表中司馬遷「乃－迺」一欄，為 10.74，即是「迺」作副詞的出現次數除以「乃」的使用次數。換句話說，在司馬遷的行文中，副詞「迺」比「乃」的使用頻率，大致是 10.74

倍；李長之考證的篇章與之比例相似，為 12 倍；顧頡剛、趙生群考證疑似司馬談作的篇章，則比例高達 34.44 倍，差異較大。再對照褚少孫續補文字，褚續寫文字使用副詞「乃」字共 53 次，卻不曾使用「迺」字表示，故上表 2.5 無法顯示其倍數。由此可以推論，在褚少孫的寫作習慣中，統一使用「乃」，而不分作「迺」、「乃」二字。

同樣表某中的人稱代詞「女」與「汝」的比例，也可見差異。司馬遷組的「女－汝」使用頻率比例，為 3.98；褚少孫續修段落中，代詞「汝」共出現 4 次，而「女」作代詞只有 3 次，二者出現比例為 0.75；顧頡剛、李長之二組文字，都只用「女」為第二人稱代詞，而未見「汝」；而趙生群組「女－汝」使用頻率比例則高達 11.29 倍，與司馬遷組和褚少孫續修段落皆相差甚大。那麼透過異文的運用比例，顧頡剛、李長之、趙生群等前輩學者的推論結果，尤其是顧、趙二人，皆與司馬遷的使用習慣有所區隔。

透過遠讀的指引，我們進一步變更焦距，聚焦細讀《史記》中其他幾種異文的出現段落，尋找各組推論篇章作者的更具體證據。

首先是「無乃－毋乃」的一組詞。司馬遷在〈孔子世家〉中，曾經使用「無乃」的一詞：

衛靈公聞孔子來，喜，郊迎。問曰：「蒲可伐乎？」對曰：「可。」靈公曰：「吾大夫以為不可。今蒲，衛之所以待晉

楚也，以衛伐之，**無乃**不可乎？」[51]

「無乃」在現代用語中，等於「莫非」、「恐怕是」，表示委婉推測的語氣。上述引文，是〈孔子世家〉衛靈公問政於孔子的段落。衛靈公欲攻打蒲國，遭到大臣們的反對，在迎來孔子時趁機徵詢其意見，沒想到孔子卻與大臣們意見不同，因此感到狐疑，所以才有「無乃」的推測用語。而「無乃」一詞，也可以寫作「毋乃」、「毋迺」。〈晉世家〉中記載狐突道遇申生鬼魂的靈異事件，就有「毋乃」的用法：

> 秋，狐突之下國，遇申生，申生與載，而告之曰：「夷吾無禮，余得請於帝，將以晉與秦，秦將祀余。」狐突對曰：「臣聞神不食非其宗，君其祀**毋乃**絕乎？君其圖之。」[52]

狐突是晉太子申生的舊臣，曾在驪姬之亂時勸申生應有所作為以求自保，申生不願作亂而亡。晉惠公時被追諡為「恭太子」，狐突卻在不久後碰到靈異事件，遇見申生，有了上述的對話。這段「子不語」的文字並非首見於《史記》，在《左傳・僖公十年》即可見到這個事件的紀錄：

> 秋，狐突適下國，遇大子，大子使登僕，而告之曰：「夷吾無禮，余得請於帝矣，將以晉畀秦，秦將祀余。」對曰：

51 〈孔子世家〉，漢・司馬遷：《史記》（北京：中華書局，1982 年二版），頁 1923-1924。

52 〈晉世家〉，漢・司馬遷：《史記》（北京：中華書局，1982 年二版），頁 1651。

「臣聞之，神不歆非類，民不祀非族，君祀**無乃**殄乎？」[53]

上述《左傳》文字引自《武英殿十三經注疏》本，與《史記‧晉世家》紀錄的事件，文字雖略有不同，但其義相當，只是微調了部份文字。我們可以看到《史記‧晉世家》對《左傳》的改寫，除了修改對太子申生的稱謂，還一併調整了動詞、副詞、語助詞的使用。其中把「無乃」改成「**毋乃**」，皆表達「莫非」、「恐怕是」的推測語氣，屬於異文間的轉換。李長之曾認為〈晉世家〉疑似司馬談所作，如就「無乃－毋乃」的使用差異觀察，〈孔子世家〉作「無乃」，而〈晉世家〉特別將「無乃」改成「毋乃」，二篇文章似乎有著不同的用詞習慣，而能作證李長之的推論。可惜「無乃－毋乃」的異文，並未出現在行文其他地方，無法取得更多證據展開論述，成為孤證，論證效力自然大打額扣。

　　與「無乃－毋乃」相比，另一組「大抵－大氏」的異文狀況，數量上就較有可觀。在司馬遷組文字中，作者多使用「大抵」行文。筆者統計司馬遷組篇章文字出現「大抵」的段落，共有 13 處，表列如表 2.6。表 2.6 的十三處引文，如同表中標示，分別出自〈禮書〉、〈平準書〉、〈老子韓非列傳〉、〈張儀列傳〉、〈李斯列傳〉、〈酷吏列傳〉、〈貨殖列傳〉和〈太史公自序〉八篇。「大抵」屬副詞，表示大概、大致、大約、約略的意思，也可寫作「大氏」。上述這

---

[53] 晉‧杜預集解，唐‧孔穎達正義：《春秋左傳正義》（臺北：藝文印書館，1993 年），頁 221-1。

表2.6　《史記》中「大抵」使用統計表

#	篇名	原文
1	禮書	至于高祖，光有四海，叔孫通頗有所增益減損，**大抵**皆襲秦故。
2	平準書	然不能半自出，天下**大抵**無慮皆鑄金錢矣。
3	平準書	卜式相齊，而楊可告緡遍天下，中家以上**大抵**皆遇告。
4	老子韓非列傳	故其著書十餘萬言，**大抵**率寓言也。
5	張儀列傳	民之食**大抵**菽藿羹。
6	張儀列傳	三晉多權變之士，夫言從衡彊秦者**大抵**皆三晉之人也。
7	李斯列傳	諸侯人來事秦者，**大抵**為其主游閒於秦耳，請一切逐客。
8	酷吏列傳	自寧成、周陽由之后，事益多，民巧法，**大抵**吏之治類多成、由等矣。
9	酷吏列傳	姦猾窮治，**大抵**盡靡爛獄中，行論無出者。
10	酷吏列傳	自溫舒等以惡為治，而郡守、都尉、諸侯二千石欲為治者，其治**大抵**盡放溫舒，而吏民益輕犯法，盜賊滋起。
11	酷吏列傳	獄久者至更數赦十有餘歲而相告言，**大抵**盡詆以不道以上。
12	貨殖列傳	關中富商大賈，**大抵**盡諸田，田嗇、田蘭。韋家栗氏，安陵、杜杜氏，亦巨萬。
13	太史公自序	詩三百篇，**大抵**賢聖發憤之所為作也。

些引文，多數屬於述史者的總結語句，據瀧川資言《史記會注考證》，並未特別考證出可能出處，因此無從比對原文。然而上述篇章中〈平準書〉紀錄漢武帝實施「均輸」、「平準」制度，〈貨殖列傳〉是商人們的類傳，透過上起春秋，下至漢代傑出商人們的生平，紀錄了商業、手工業、農業、牧業、漁業、礦業、冶煉業等領域的經濟發展。司馬遷在論贊中說：「善者因之，其次利道之，其次教誨之，其次整齊之，最下者與之爭」，認為統治者對貨殖的態度應採取順應人性的自由經濟觀點[54]，是司馬遷闡述經濟史的重要文章。而〈酷吏列傳〉是司馬遷對吏治的思考，他在身受宮刑的親身經歷中，紀錄了郅都、寧成、周陽由、趙禹、張湯、義縱、王溫舒、尹齊、楊僕、減宣、杜周等官吏行為。借亡秦吏治武健嚴酷的風氣，諷喻漢朝君王應行德政而非嚴刑峻法。上述諸篇，多有司馬遷的政治理想投射，在前人的考證中，屬於司馬遷自著偉辭的篇章，而遇到大概、大約的推論時，皆統一使用「大抵」一詞，由是可以推知司馬遷的用字習慣。

然而除了上表統計的「大抵」之外，司馬遷也曾在〈佞幸列傳〉中，使用了可互代的「大底」進行紀錄：

> 自是之后，內寵嬖臣**大底**外戚之家，然不足數也。衛青、

---

54 鄒濬智：〈《史記·貨殖列傳》經濟思想體系試構〉，《龍華科技大學學報》23 期（2008 年 6 月），頁 157-167。

霍去病亦以外戚貴幸，然頗用材能自進。[55]

「后」古通「後」，文中的「自是之后」，指得是李延年在妹妹李夫人過世後，漢武帝寵信漸衰，後因弟弟犯罪被連坐誅殺之事。李夫人過世於其兄李廣利征伐大宛期間，即太初元年（前104）到太初四年（前101）間，而司馬談是在元封元年（前110）過世，換言之，司馬談不可能未卜先知李夫人及其兄弟的最終命運。那麼，這段文字的作者就只可能是司馬遷所作。因此可知司馬遷也有將「大抵」寫成「大底」的現象，只是在大多數的狀況中，司馬遷都是以「大抵」紀錄之。

有趣的是，趙生群推論為司馬談所作的〈秦始皇本紀〉一篇，既不用《史記》常見的「大抵」，也非上述的「大底」，而是使用「大氐」行文：

> 及項羽虜秦將王離等鉅鹿下而前，章邯等軍數卻，上書請益助，燕、趙、齊、楚、韓、魏皆立為王，自關以東，**大氐**盡畔秦吏應諸侯，諸侯咸率其眾西鄉。[56]

大氐，猶言大凡也，與「大抵」可以互代，也是異文。〈秦始皇本紀〉寫秦二世三年（前207）項羽進軍關中，秦將章邯每每請求增兵支援，秦二世卻因趙高之蔽，輕忽此事，導致關中以東的諸侯，

55 〈佞幸列傳〉，漢・司馬遷：《史記》（北京：中華書局，1982年二版），頁3196。
56 〈秦始皇本紀〉，漢・司馬遷：《史記》（北京：中華書局，1982年二版），頁273。

紛紛響應叛秦之舉。上文中表示「大概」的推測詞，選用本字「大氐」，而與上表 2.6 的使用俗字的習慣不同。如根據不同作者選用字不同的論點，似乎可作為趙生群〈秦始皇本紀〉疑似司馬談所作推論的佐證，可惜如同「無乃－毋乃」的異文情形相似，在《史記》「大氐」的用法僅此一見，其他篇章中並未再次出現，亦無法展開更多的論述。再加上司馬遷本人在〈佞幸列傳〉中也有另外選用「大底」的非統一用字狀況，因此仍沒有辦法成為因此作為區隔的判斷標準。只能說在前述這些異文的篇章中，可能還保存著篇章作者用字差異的蛛絲馬跡而已。因此透過數位人文幾種「焦距」的方法分析，前人主張疑似司馬談作史的篇章，儘管有著行文風格的差距，但是當我們進一步透過詞性標記和異文考察時，卻都只能獲取一些蛛絲馬跡，而缺乏全面的證據。

第四節　結語

　　根據司馬遷自述，《史記》是他繼承父親舊稿和遺志的作品。然而，對於《史記》中哪些為司馬談所作，司馬遷卻沒有進一步的標示說明。

　　司馬談作《史》考是《史記》研究的學術公案，過去學者們曾根據《史記》行文中「太史公讀」、「余讀」、「與余善」等用詞與行文避諱字，推論《史記》的篇章作者，卻莫衷一是。

　　本章透過數位人文作者風格分析的方法，重新檢核前人推論的篇章，並將褚少孫續補文字作為對照組。透過詞頻和詞頻排序的總體風格分析，李長之判斷的篇章，較顧頡剛、趙生群推論篇章，與司馬遷行文差異較大。然而，再近一步以連詞、歎詞、介詞進行觀觀察時，三位學者的推論篇章並無明顯的分別。而最後再以異文討論，扣除孤證的狀態，顧頡剛、趙生群推論篇章反而較李長之判斷篇章，與司馬遷用字習慣差異較大。因此，上述數位工具分析篇章作者三種方法的研究成果，皆無法採樣出區別作者明顯一致的研究結果，換言之，《史記》的各個篇章，遣詞用字並顯著的差異。

　　這正證明了司馬遷運用司馬談舊稿的方法，並非前人推論的假設，乃是某篇某段直接沿用父親舊稿，而是經過一定程度的改寫。因此儘管透過傳統文獻考據，可以找到一些司馬談作史的推論證據；經過數位人文的分析，也可以比較出不同篇章行文的一些用字差異，但總體而言，卻沒有強而有力的證據能證明哪些文字確實為司馬談所作。因此筆者以為，我們仍可以將這些篇章視為一個完整的整體，而非某篇文字作者即為司馬談。

　　《史記》上起五帝，下迄漢武帝朝，敘寫數千年的史事，是司馬談、司馬遷父子的接力寫作成果。透過本章的探討，我們可以清楚看見，和《紅樓夢》前八十、後四十的續書狀況不同，司馬遷並非只是將司馬談的章節一字不動的完整保留，而是在繼承父親司

馬談的志業之後，以「究天人之際，通古今之變，成一家之言」[57] 的態度，鎔鑄改寫父親遺稿，兼采先秦、西漢典籍，體大思精的透過鋪演故事，建構自己的歷史哲學。司馬遷經過改寫，最終完成的這部成品，如長江大河，波瀾起伏，卻也難免泥沙雜沓，有一些刪修時未盡完全之處。而這些殘存的痕跡，儘管有使用司馬談舊稿的可能，但總體行文又因大量改寫，最後得與其他篇章風格相近。這或許也是為什麼今本《史記》各篇之間，行文並沒有明顯的篇章差異，而學界對於《史記》各篇作者的確認問題，只能從殘存的蛛絲馬跡中，眾說紛紜，始終無法拍版定案的原因。

---

[57] 司馬遷〈報任少卿書〉，收入梁・蕭統：《文選》（臺北：藝文印書館，1991 年十二版），頁 592。

第三章

數據比對：
《史記》的引書

第三章　數據比對：《史記》的引書

數據比對兩個文本間的差異，可從一定字數連續文字的段落相似度，比較其「同」；也可計算詞彙在本文中頻率的比例差異，觀察詞語顯著性，區別其「異」。

　　《史記》是司馬遷採經摭傳，透過鎔鑄百家以成一家之言的經典著作，影響中國文史甚鉅。據盧南橋、張大可、羅根澤、金德建、瀧川資言、余其濬等學者研究，《史記》引書約 162 種，並且集中於《尚書》、《左傳》、《國語》、《戰國策》四種，瀧川資言並曾在《史記會注考證》標記《史記》段落可能之出處。本章在前人研究基礎上，採用 CTEXT 數位人文工具與 CORPRO 庫博中文獨立語料庫作為主要分析軟體，比對《史記》引書與成書。筆者從段落相似度、詞語顯著性兩方面，考察《史記》撰述過程的「述」與「作」。

第一節　《史記》的述與作

　　司馬遷在其父司馬談過世不久後，繼承了太史令的工作，據〈太史公自序〉的紀錄，當時主要的工作是「紬史記石室金匱之書」

58。司馬遷修纂《史記》的動機，除了上一章中提及繼承父親司馬談的遺志外，在〈太史公自序〉中，主要還有「述故事，整齊其世傳」[59]和「人皆意有所鬱結，不得通其道也，故述往事，思來者」[60]等兩個理由。前一個指得是史官家族歷來的職責，後者則是司馬遷在遭逢李陵之禍後，效法聖賢發憤著書。而上述的這些理由，司馬遷在〈報任少卿書〉時，將之總結為「欲以究天人之際，通古今之變，成一家之言」[61]，因此，《史記》的成書，是司馬遷在其家學淵源中，在司馬談舊稿的基礎上，採經攈傳，鎔鑄百家文獻，以己意出之。換句話說，《史記》是集結漢武帝前文獻菁華，並且透過改寫以闡發其歷史哲學的著作。

　　關於《史記》的取材，班固最早標示了司馬遷引用之書：「司馬遷據《左氏》、《國語》，采《世本》、《戰國策》，述《楚漢春秋》，接其後事，訖於天漢。」[62]而後學者也關注司馬遷蒐集材料的方法，大體而言，大致可分為閱讀圖書檔案、文物及圖像、實地調查、口述材料、採集民間歌謠俗諺等幾種蒐集史料的途徑[63]。其中，圖書

58　〈太史公自序〉，漢・司馬遷：《史記》（北京：中華書局，1982 年二版），頁 3296。
59　〈太史公自序〉，漢・司馬遷：《史記》（北京：中華書局，1982 年二版），頁 3299。
60　〈太史公自序〉，漢・司馬遷：《史記》（北京：中華書局，1982 年二版），頁 3300。
61　梁・蕭統：《文選》（臺北：藝文印書館，1991 年十二版），頁 592。
62　〈司馬遷傳〉，漢・班固：《漢書》（臺北：鼎文書局，1986 年），頁 2737。
63　可參考阮芝生：《司馬遷的史學方法與歷史思想》第三章，收入《書目季刊》7 卷 4 期（1974 年 3 月），頁 17-35。鄭鶴聲：〈太史公司馬遷之史學〉，載於民國 12 年《史地學報》第 5、6 號。收入杜維運、黃進興編：《中國史學史論文選集》1（臺北：華世出版社，1976 年）。張大可：〈論《史記》取材〉，原載於《甘肅社會科學》1983 年第 5 期，收入《史記研究》論文集，甘肅人民出版社 1985 年出版，華文出版社

檔案是我們現今可以進行比較研究的部分。

　　《史記》成書究竟採用哪些先秦兩漢文獻？其實也是歷來研究者探討的對象。羅根澤、瀧川資言、盧南橋、金德建、劉偉民、賴明德、鄭之洪、張大可、余其濬等皆先後進行討論。

　　羅根澤〈從史記本書考史記本原〉一文，載於 1930 年國立北平圖書館館刊四卷二號[64]，根據《史記》文本所提到所用書，整理引用書。瀧川資言《史記會注考證》在一段《史記》原文後，用「采」、「本」等字，一一說明該段原文其文獻來源，並且撰成〈史記資材〉[65]一文。盧南橋〈論司馬遷及其歷史編纂學〉[66]與羅根澤相似，整理《史記》收書，陸續建立司馬遷采用文獻資料的項目。金德建《司馬遷所見書考》[67]根據文獻項目，一一考據其內容，對采用文獻的項目做更進一步的確立。劉偉民則根據《史記》稱引遺文，討論司馬遷所見書目。[68]賴明德《司馬遷之學術研究》[69]討論司馬遷所讀書籍和文獻，首創四部分類法，將司馬遷所引材料分經、史、子、

2001 年再版。見張大可、趙生群等著：《史記文獻與編纂學研究》（北京：華文出版社，2005 年），頁 86-94。

[64] 收入潘重規、于大成編《史記論文集》（臺北：木鐸出版社，1975 年），頁 43-54。

[65] 瀧川資言：〈史記會注考證·總論〉。瀧川資言：《史記會注考證》（高雄：麗文圖書，1997 年 1 月），頁 1394-1397。

[66] 盧南橋：〈論司馬遷及其歷史編纂學〉，載於《司馬遷與史記》（臺北：中華書局，1957）。

[67] 金德建：《司馬遷所見書考》，上海：上海人民出版社，1963 年。

[68] 劉偉民：《司馬遷研究》，臺北：國立編譯館，1975 年。

[69] 賴明德：《司馬遷之學術思想》，臺北：洪氏出版社，1983 年修訂版。

集四類一一敘錄。鄭之洪《史記文獻研究》[70]亦採四部分類法，集《史記》所載 104 種書籍。張大可〈論《史記》取材〉[71]、張大可〈《史記》取材〉[72]也根據四部分類法，分別考證各書存佚情形，共有表列 106 種書籍。而余其濬在《司馬遷以實事求是精神治史探微》第二章〈司馬遷對傳世文獻的 選用〉[73]，針對《史記》所見聞文獻，討論前人考證因基本觀念不同導致數量懸殊問題，並補遺文獻，包括《樂書》、〈夏社〉、孔氏書、《周官》亡篇、《離騷傳》、《屈平傳》、天下誹始皇封禪之記、〈女鳩〉、《黃帝》、《淮南子‧時則》末有關秦代的原始資料、唐昧的書傳、尹臯的書傳、〈太一之歌〉、〈天馬歌〉、〈仙真人詩〉、〈箕子操〉、〈龍蛇之歌〉、趙王劉友〈飢餓之歌〉、箕子〈麥秀之歌〉、〈娃贏之歌〉、朱虛侯〈耕田歌〉、《郊祀歌》十九章、〈泰山刻石〉、〈琅邪臺刻石〉、〈之罘刻石〉、〈之罘東觀刻石〉、〈碣石刻石〉、〈會稽刻石〉、《明堂圖》、張良圖、碣石彰始皇功德碑、封禪儀式之紀錄、諸侯功臣之紀錄和制詔、上疏、書牘類文獻等，數量增至 162 種，後出轉精。

　　筆者曾整理《史記》取材表[74]，與引用文獻項目數量相比，更

70　鄭之洪：《史記文獻研究》，成都：巴蜀書社，1997 年。

71　張大可：〈論《史記》取材〉，原載於《甘肅社會科學》1983 年第 5 期，收入《史記研究》論文集，甘肅人民出版社 1985 年出版，華文出版社 2001 年再版。

72　張大可、趙生群等：《史記文獻與編纂學研究》第五章，（北京：華文出版社，2005 年），頁 86-107。

73　余其濬《司馬遷以實事求是精神治史探微》，國立臺灣大學中國文學系博士論文，2014 年，頁 57-87。

74　邱詩雯：〈歷來諸家言《史記》取材整理表〉，邱詩雯：《《史記》之「改」、「作」與

關心的是司馬遷如何運用這些傳世文獻。在《史記會注考證》一段原文後，用「采」、「本」等字，一一說明該段原文其文獻來源，考證司馬遷不曾標明的文獻參考底本，能補足徵引項目之實際內容，提供原文比對之考證基礎。

　　瀧川資言《史記會注考證》段落考證文字，製表統計其考證《史記》徵引資料內容，就今日可見內容，則三代以前多本《詩經》、《尚書》、春秋時期多用《左傳》、《國語》、戰國時期多采《戰國策》、《韓非子》、《呂氏春秋》、《說苑》、《新序》等文獻。[75]而在確立引用書目之後，有部分研究者則針對特定文獻進行更精細的深入研究，包括經書、《尚書》、《左傳》、《戰國策》等[76]。上述這些成果，依靠的都是前輩學者們多年文獻比對與文本細讀的功夫，為《史記》文獻與編纂學研究奠定了重要的基礎。

　　本章運用數位人文數據比對方法，導入 CTEXT 數位人文工具[77]與 CORPRO 中文獨立語料庫分析工具[78]作為主要分析軟體，比較

歷史撰述》（臺北：花木蘭文化事業有限公司，2012 年），頁 203-219。

[75] 邱詩雯：《《史記》之「改」、「作」與歷史撰述》（臺北：花木蘭文化事業有限公司，2012 年），頁 4。

[76] 魏聰祺：《史記引經考》，臺北：東吳大學中國文學研究所碩士論文，1991 年。古國順：《司馬遷尚書學》，臺北：中國文化大學中國文學研究所博士論文，1985 年。顧立三：《司馬遷撰寫史記採用左傳的研究》，臺北：正中書局，1980 年。王廣福：《《史記》採《戰國策》考論》，重慶：西南師範大學中國古代文學碩士論文，2001年。

[77] Sturgeon, Donald (ed.). 2011.中國哲學書電子化計劃，擷取於 112 年 9 月 24 日. http://ctext.org

[78] 關河嘉、陳光華：〈庫博中文獨立語料庫分析工具之開發與應用〉，收入項潔編：《數位人文研究與技藝第六輯》（臺北：國立臺灣大學出版中心，2016 年），頁 285-313。

《史記》引書和成書，探討數位人文視野下《史記》的歷史編纂與撰述方法。

第二節　《史記》引書的段落相似度

瓏川資言曾逐段比對《史記》行文及其引用文獻，並一一標示出處在《史記會注考證》之中，如《史記・秦本紀》「晉旱，來請粟」一段，標示「采《國語・晉語》」[79]；《史記・管晏列傳》「鮑叔事齊公子小白」一段，標示「采莊八年、九年《左傳》」[80]。筆者曾統計瓏川資言考證段落，《史記》五種體例中扣除「表」，其他「本紀」、「書」、「世家」、「列傳」，其引書範圍包括：《尸子》、《公羊傳》、《左傳》、《列子》、《老子》、《吳越春秋》、《呂氏春秋》、《孝經》、《周禮》、《孟子》、《尚書》、《春秋》、《春秋繁露》、《孫子》、《家語》、《晏子春秋》、《荀子》、《商子》、《國語》、《淮南子》、《莊子》、《逸周書》、《新序》、《新語》、《楚漢春秋》、《楚辭》、《詩經》、《說苑》、《墨子》、《穀梁傳》、《論語》、《戰國策》、《韓非子》、《韓詩外傳》等內容，筆者初步統計高頻次引書如表 3.1。

根據瓏川資言的統計，《史記》引用文獻最多者為《左傳》共

---

[79] 瓏川資言：《史記會注考證》（高雄：麗文圖書公司，1997 年），頁 88-89。
[80] 瓏川資言：《史記會注考證》（高雄：麗文圖書公司，1997 年），頁 829。

表 3.1　瀧川資言《史記會注考證》統計《史記》高頻引書表

編號	引書	次數
1	左傳	419
2	戰國策	209
3	論語	193
4	淮南子	171
5	國語	115
6	尚書	79
7	呂氏春秋	66
8	孟子	52
9	韓非子	43
10	莊子	43

有 419 處，其次為《戰國策》各 209 次，再來為《論語》共 193 次，復次為《淮南子》171 次和《國語》115 次等。《尚書》的內容儘管也有所引用，但由於三代之前的內容佔《史記》全書比重不大，因此儘管〈五帝本紀〉、〈夏本紀〉、〈殷本紀〉、〈周本紀〉大量化用《尚書》文字，但整體可考出處仍低於《左傳》、《戰國策》、《論語》、《淮南子》和《國語》，共 79 次。由於楚漢之爭重要的參考底本《楚漢春秋》已佚[81]，無從比對；而太史公敘西漢史事是近當代史，取材較多元，因此不難發現表中前五種涉及西漢史事者只有《淮南

---

[81] 《史記》述秦漢間事參考了大量《楚漢春秋》文字，然該書原本已亡佚，今所見者清人輯佚本。另外一本重要的參考文獻為《世本》，亦於南宋亡佚，今有輯佚本八種。

子》一種，其他則為春秋、戰國史事。換言之，我們可以根據瀧川資研的考證，得知司馬遷述春秋史事，多據《左傳》，兼參考《論語》、《國語》；寫戰國歷史，則多取材自《戰國策》[82]的資料。

那麼，如果我們運用電腦比對文本來檢驗《史記》取材的文獻，是否與瀧川資言考證的統計結果相同？筆者嘗試以「段落相似度」回應此問題。

我們知道電腦與人腦相比，擅長處理大量複雜的文件間的比對。就數位人文而言，電腦能夠統計不同文件段落間同樣字詞出現的頻率。CTEXT 提供了多種線上數位人文工具，「段落相似性」是其中之一比對工具。所謂段落相似度，是指段落與段落之間的相似度，透過連續、一定數量、相同排序的文字進行機器判讀，而後計算其段落間的相似程度。假設數量是 4，那麼在兩個文本間只要其中 4 個字完全相同，就會被計算具有相似度。如果是連續一段相同的文字。比如《史記・高祖本紀》「高祖，沛豐邑中陽里人，姓劉氏，字季」[83]和《漢書・高帝紀》「高祖，沛豐邑中陽里人也，姓劉氏」[84]開頭類似。當然，段落相似度的數值可以依照文本不同而調整。一般而言，當數值越高，相似度的計算越精準。如數值 5 的

---

[82] 關於《史記》和《戰國策》的關係，學界普遍認為二書底本、原始材料相同，而不以成書年代斷定襲用關係。詳見趙生群：〈《史記》採《戰國策》說辨疑〉，原收於趙群生《太史公書研究》（西安：陝西人民出版社，1994 年）。後收入張大可、趙生群等：《史記文獻與編纂學研究》（北京：華文出版社，2005 年），頁 217-227。

[83] 漢・司馬遷：《史記》（北京：中華書局，1982 年二版），頁 341。

[84] 漢・班固撰：《漢書》（臺北：鼎文書局，1986 年），頁 1。

準確度會高於數值 3，但是如果文本本身多是低於 4 字的短句，那麼加上數據庫建置時標點符號的干擾，精準度反而會下降。反之，如數值設定太小，如 2 或 3 字詞，那麼只要是人名、地名等專有名詞也會被計入相似度，亦會降低準確度。因此數值的設定，以文本最常使用的句子字數為佳。而筆者觀察《史記》的句子長度，以 4 字句及其以上者為多，因此將段落相似度的數值定為 4，而使用 Cext 網站工具計算其段落相似度，就會呈現得到以下標示：

> 高祖，沛豐邑中陽里人，姓劉氏，字季。(《史記·高祖本紀》)

> 高祖，沛豐邑中陽里人也，姓劉氏。(《漢書·高帝紀》)

我們可以看到，在電腦運算的邏輯中，所謂 4 字詞，必須是連續性、內容順序完全相同的 4 個字。當這段話超過 4 個字連續相同時，電腦就會迭代計算為「高祖，沛」、「祖，沛豐」、「，沛豐邑」、「沛豐邑中」、「豐邑中陽」、「中陽里人」幾次，當計算時重複計算的部分顏色就會被疊加，用更顯著的方式表示出來。

URN	Title	Remove	Characters	Chapters/sections	Edit
ctp:shiji	史記	✕	504784	130	[Edit]
ctp:chun-qiu-zuo-zhuan	春秋左傳	✕	197810	255	[Edit]
ctp:zhan-guo-ce	戰國策	✕	124654	507	[Edit]
ctp:analects	論語	✕	15962	20	[Edit]
ctp:huainanzi	淮南子	✕	130840	21	[Edit]
ctp:guo-yu	國語	✕	70441	21	[Edit]

圖 3.1 CTEXT 段落相似度計算圖

圖 3.1 是 CTEXT 網站內建的段落相似度計算圖，根據段落相似度的運算邏輯。筆者將表 1 瀧川資言統計高頻引用的前 5 種文獻，即《左傳》、《戰國策》、《論語》《淮南子》、《國語》與《史記》合併比對 [85]，計算其「段落相似度」，我將獲得的數據製成下表 3.2：

表 3.2　《史記》篇章與五種文獻段落相似度表

篇章	左傳	戰國策	論語	淮南子	國語
五帝本紀	*0.0211*	0.000486	0.000215	*0.00102*	0.000795
夏本紀	*0.00578*	0.000563	0.000236	0.000719	0.000724
殷本紀	0.000532	0.000706	0.000286	0.000839	0.000382
周本紀	*0.00637*	*0.00656*	0.000111	*0.00114*	*0.0812*
秦本紀	*0.0023*	*0.00101*	0.00032	0.000531	*0.00223*
秦始皇本紀	0.000577	*0.00109*	0.000287	*0.00129*	0.000648
吳太伯世家	*0.0842*	0.000517	*0.00253*	0.000715	*0.00679*
齊太公世家	*0.0231*	0.000923	0.000471	0.000759	*0.00266*
魯周公世家	*0.01*	0.00091	0.000699	0.000605	*0.00938*
燕召公世家	*0.00201*	*0.112*	0.000324	0.000562	0.000889
管蔡世家	*0.0185*	*0.00122*	0	0.000556	*0.00164*
陳杞世家	*0.0249*	*0.00139*	0.000344	*0.00102*	*0.00271*
衛康叔世家	*0.0369*	*0.00123*	0.000513	0.000679	*0.00183*

85　數位人文分析方法的基礎是文本的全文數位化，在此前提下，筆者選用 Ctext 網站中建檔完成的文本。各書版本分別為：《史記》，《武英殿二十四史》本。《春秋左傳正義》，《武英殿十三經注疏》本。《戰國策》，《士禮居叢書》本。《論語注疏》，《武英殿十三經注疏》本。《淮南鴻烈解》，《四部叢刊初編》本。《國語》，《四部叢刊初編》本。

篇章	左傳	戰國策	論語	淮南子	國語
宋微子世家	*0.0149*	0.000884	*0.0033*	*0.00168*	*0.0015*
晉世家	*0.0131*	0.00061	0.000223	*0.00182*	*0.00632*
楚世家	*0.0285*	*0.01*	0.000175	*0.00181*	*0.00146*
越王句踐世家	*0.00111*	0.000862	0.000695	*0.00136*	*0.0132*
鄭世家	*0.0201*	0.000946	0.000351	0.000733	*0.00363*
趙世家	*0.00557*	*0.0542*	0.000242	*0.00112*	*0.00172*
魏世家	*0.00881*	*0.0571*	0.000314	*0.00146*	*0.00142*
韓世家	*0.00206*	*0.0787*	0	0.000704	*0.00122*
田敬仲完世家	*0.00998*	*0.0161*	0.00032	*0.00137*	*0.00107*
孔子世家	*0.014*	0.001	*0.0235*	*0.00197*	*0.0133*
伯夷列傳	0.000612	*0.00225*	*0.0144*	*0.00147*	0.000331
管晏列傳	*0.00115*	*0.00352*	*0.00211*	0.000537	0.000647
老子韓非列傳	0.000855	*0.00169*	*0.00147*	0.00091	0.00057
司馬穰苴列傳	*0.00126*	*0.0029*	0	0.000509	0.000569
孫子吳起列傳	*0.00138*	*0.00273*	0	0.000629	0.000482
伍子胥列傳	*0.00645*	*0.00101*	0.00027	*0.00103*	*0.00527*
仲尼弟子列傳	*0.00208*	*0.00118*	*0.0338*	*0.00234*	*0.00122*
商君列傳	0.000508	*0.0105*	0.000294	0.001	0.000783
蘇秦列傳	0.000898	*0.083*	0.000354	*0.00184*	*0.00129*
張儀列傳	0.000975	*0.0706*	0.000133	*0.00121*	0.00046
樗里子甘茂列傳	*0.00112*	*0.0764*	0	0.000664	0.000847
穰侯列傳	*0.00143*	*0.114*	0	0.000839	0.000356
白起王翦列傳	0.000758	*0.0267*	0.000294	0.000387	0.000333
孟子荀卿列傳	0.000567	*0.00122*	*0.00256*	0.000928	0.000972

篇章	左傳	戰國策	論語	淮南子	國語
孟嘗君列傳	0.000522	*0.0261*	0	*0.00121*	0.000498
平原君虞卿列傳	0.000777	*0.142*	0.000254	*0.00102*	*0.00138*
魏公子列傳	*0.00449*	*0.00575*	0.000498	0.000695	*0.00191*
春申君列傳	*0.00171*	*0.14*	0.000555	*0.00135*	0.00074
范雎蔡澤列傳	0.000466	*0.0968*	*0.00102*	*0.00184*	0.000712
樂毅列傳	0.000799	*0.138*	0.000666	0.000495	0.000691
廉頗藺相如列傳	0.000481	*0.0104*	0	0.000568	0.000788
田單列傳	0.000645	*0.00248*	0.00059	0	0.000266
魯仲連鄒陽列傳	0.000619	*0.164*	0.000755	*0.00147*	*0.00118*
屈原賈生列傳	0.000426	*0.00377*	0	*0.00113*	0.000542
呂不韋列傳	0.000786	*0.00453*	0.000758	0.000283	0.000749
刺客列傳	*0.00155*	*0.175*	0.000162	*0.00103*	0.000964
李斯列傳	0.000483	*0.00112*	0.000629	*0.0017*	*0.00144*
蒙恬列傳	*0.0018*	*0.00186*	0.000923	*0.00106*	*0.00128*
匈奴列傳	0.000394	0.000738	0.0001	0.000411	0.000693
南越列傳	0.000526	*0.00112*	0	0.000508	0.000238
東越列傳	0.00029	0.000661	0	0.000596	0.000795
朝鮮列傳	0	0.000706	0	0.000304	0
西南夷列傳	0	0.000431	0	0.000196	0
循吏列傳	*0.00198*	*0.00336*	*0.00115*	0.000504	0.000448
大宛列傳	0.000272	0.000345	0.000158	0.000734	0.00017
滑稽列傳	0.000409	*0.00346*	*0.0026*	*0.00218*	0.00059
貨殖列傳	0.000995	*0.00111*	0.000651	*0.00107*	*0.00131*
太史公自序	0.000677	0.000964	*0.00136*	*0.00196*	*0.00183*

篇章	左傳	戰國策	論語	淮南子	國語
歷書	*0.0078*	0.000478	0.000823	*0.00229*	*0.0131*
天官書	0.000236	0.000578	0	*0.00995*	0.000247
封禪書	0.000724	0.00064	0.000667	0.000978	0.000613
河渠書	0	*0.00113*	0	0.000546	0.000248
平均值	*0.00622*	*0.025758*	0.001622	0.001151	*0.003143*

表 3.2 是《史記》與《論語》、《左傳》、《國語》、《戰國策》、《淮南子》等五種文獻的段落相似度計算結果。所謂段落，指的是 4 字句的文字長度，而非文意的段落。為求與多數引用文獻的年代對齊，因此表二只顯示漢興以前相關篇章，並且刪除了有目無書[86]、後人增補的篇章段落。筆者將段落相似度的計算以 4 字詞為單位，表二之中數字是一篇之中引用該書段落相似度最大的值，而段落相似度大於 0.001 的數值以斜體標示，而網底色的部份則是瀧川資言在《史記會注考證》中標示出曾引用五種文獻的部份。從表中觀察，我們會發現數值高低與網底色表色互有出入，可以分為三組解讀。

首先，段落相似度與瀧川資言判讀一致者。這種類型最容易解釋，即《史記》篇章文字確實有引用該書的情形，且太史公在書寫時改動原書不大，導致考據結果與電腦段落相似度計算結果雷同。

---

[86]《漢書‧司馬遷傳》說：「十篇缺，有錄無書」，魏人張晏提出十篇亡書篇目，但將〈律書〉誤作〈兵書〉。因此十篇缺大致為〈景帝紀〉、〈武帝紀〉、〈禮書〉、〈樂書〉、〈律書〉、〈漢興以來將相表〉、〈日者列傳〉、〈三王世家〉、〈龜策列傳〉、〈傅靳列傳〉。漢‧班固撰：《漢書》（臺北：鼎文書局，1986 年），頁 2724。

　　其次，表格中網底色黑字，即瀧川資言判讀引用，因此呈現網格底色，而電腦計算段落相似度不大者。這種類型的段落相似度數值介於 0.00013 到 0.000839。舉例而言，如〈殷本紀〉：「西伯之臣閎夭之徒，求美女奇物善馬以獻紂，紂乃赦西伯。」[87]瀧川資言認為此段文王臣下透過獻寶以求紂王釋放文王的記載，與《淮南子・道應訓》情節雷同，可能為其所本。然而考《淮南子・道應訓》原文為：「散宜生乃以千金求天下之珍怪，得騶虞、雞斯之乘，玄玉百工，大貝百朋，玄豹、黃羆、青犴、白虎文皮千合，以獻於紂，因費仲而通。紂見而說之，乃免其身，殺牛而賜之。」[88]對比兩段，可知文意相近，但是細究其文字，二段並無 4 字詞的重複，因此通篇計算下來，其段落相似度的數值就會低於 0.001。又如〈封禪書〉中載：「兵車之會三，而乘車之會六，九合諸侯，一匡天下，諸侯莫違我。」[89]瀧川資言標註此段出自《春秋》內外傳與《管子・小匡》，如果就文字比對，僅有「兵車之會」一詞與《管子》文字相同，分別可見於〈小匡〉、〈大匡〉與〈霸形〉三篇。而這個出現在《管子》三處的四字詞，原文卻是「兵車之會六，乘車之會三」，與《史記》剛好數字相反，因此以四字詞計算段落相似度，其結果也並不顯著。透過上述兩個例子可發現，如果引用文獻的方法，是取其意而改其詞，就不容易透過段落相似度被計算出來，這是電腦

87　漢・司馬遷：《史記》（北京：中華書局，1982 年二版），頁 106。

88　漢・劉安等編著：《淮南子》（上海：上海古籍出版社，1989 年），頁 130。

89　漢・司馬遷：《史記》（北京：中華書局，1982 年二版），頁 1361。

計算較大的侷限。

　　最後是白底斜體者，即電腦計算文本之間段落相似度大，可能具引用狀況，而瀧川資言未標示者。此類的段落相似度值介於0.00102到0.00995間。筆者以為這種狀況很值得注意，需要進一步檢核實際電腦比對的段落。如〈魏公子列傳〉與《左傳》的段落相似度為「0.00449」，然而就情節思考，魏公子信陵君是戰國中後期的人物，與《左傳》時間不一致，高段落相似度並不合理。筆者檢核計算狀況，發現就四字詞觀察，電腦判讀〈魏公子列傳〉與《左傳》僖公二十三年有其相似。再深入檢核四字詞，為「敵人伐廧咎如，獲其二女叔隗，季隗，納諸公子。公子娶季隗，生伯儵，叔劉……」[90]中的「公子。公子」一詞。由於太史公尊稱信陵君為魏公子，因此這種因頂針句法連用「公子」的狀況，在〈魏公子列傳〉中出現了十三次，如侯生考驗魏公子，「微察公子。公子顏色愈和」[91]即屬這種狀況。

　　當然，表3.2之中白底斜體者也不完全都是電腦誤判的狀況。如〈天官書〉與〈淮南子〉比對，其段落相似度值高達0.00995，考察其段落為〈天官書〉寫太白星「當出不出，未當入而入，天下偃兵，兵在外，入。未當出而出，當入而不入，天下起兵，有破國」

90　晉·杜預集解，唐·孔穎達正義：《春秋左傳正義》（臺北：藝文印書館，1993年），頁251-1。

91　漢·司馬遷：《史記》（北京：中華書局，1982年二版），頁2378。

92一段，與《淮南子‧天文訓》中「當出而不出，未當入而入，天下偃兵；當入而不入，天下興兵」93文字雷同。然而這部份瀧川資言並未考證加註，筆者以為，這正好反應了傳統考據方法受限於考據者閱讀經驗與興趣的限制。如果我們再仔細觀察表 3.2，會發現這種白底紅字的狀況在《左傳》、《論語》、《國語》較少，而《淮南子》明顯較多，這或許可以解釋為瀧川資言考證時除熟悉《論語》，很重視《春秋》內、外傳與《史記》的關聯性。

　　透過人機之間的比較，我們會發現機器能夠客觀的計算文本間的相似度，不受研究興趣的干擾。然而，當文字經過改寫，用「換句話說」時，以人為主的考據實力就明顯優於電腦。因此，或許電腦的段落相似度計算，可以提供我們大規模初步的分類，然後根據數值高低再進行人工的驗證。

　　那麼，究竟段落相似度的數值大於多少能證明文本間的襲用狀況？以太史公採用五種文獻為例，大約 0.002 上下會是分水嶺，值越大者，襲用狀況越明顯；而如果段落相似度大於 0.01 以上，則人與電腦的判斷幾乎完全一致。不過這個數值目前只是《史記》初步的測試結果，還需要更多文本比對的證成。

　　總體而言，回歸到《史記》的撰寫過程，透過上述的分析，我們能夠確知《史記》紀錄先秦史事確實大量采用《左傳》、《國語》、

92　漢‧司馬遷：《史記》（北京：中華書局，1982 年二版），頁 1324。
93　漢‧劉安等：《淮南子》（上海：上海古籍出版社，1989 年），頁 28。

《戰國策》，這當然與史書的性質有關。但除此之外，《論語》、《淮南子》也是今本《史記》中引用次數多、段落相似度也較大者。這反映了《史記》在采經摭傳的過程中，受到二書的影響甚大。《論語》是儒家的經典，《淮南子》則是黃老思想的代表。那麼就鎔鑄文獻的成書過程考察，司馬遷著書宗旨的「究天人之際，通古今之變」，反應了漢初到武帝朝時，黃老與儒家融合的思想取向。

第三節　《史記》引書的詞語顯著性

我們知道司馬遷編寫《史記》的目的是透過「究天人之際，通古今之變」的過程，來「成一家之言」。換言之。透過對於歷史的演繹來述說自己對事物的見解及歷史哲學，這才是太史公述史最主要的目的。那麼，在這樣的前提之下，《史記》的編纂就不可能如西方歷史學派所期待的客觀「真空」[94]，反而可能更貼近海特懷登所主張，隱匿在這些史書所敘的史事後，史家個人深潛的歷史意識[95]。那麼，《史記》的「成一家之言」在「述」與「作」之間，更貼近「作」的存在。

---

[94] Edwaed.H.Carr 著，王任光譯：《歷史論集》（臺北：幼獅文化事業股份有限公司，1988 年十一版）。John Tosh 著，趙干城、鮑世奮譯：《史學導論》（臺北：五南圖書出版股份有限公司，1988 年）。

[95] Hayden White 著，劉世安譯：《史元》（臺北：麥田出版社，1999 年）。

　　那麼，數位人文的機器遠讀，是否能夠看出《史記》的撰作目的？如果能，又會與文本細讀分析的結果有何異同？筆者運用詞語顯著性來分析此問題。

　　詞語顯著性是語料庫語言學的範圍，也是電腦輔助人文社會科學的研究方法之一。[96]語料庫語言學則將一批文本視為語料，混和質性和量性兩種方法來分析語料庫資料，以便於解釋或詮釋其文本模式，而非僅是關於數目的計算。[97]詞語顯著性是透過電腦運算，尋找特定範圍語料或文本的特殊詞彙。它通常透過比較而來，利用兩個以上不同的語料庫之間的比較，透過電腦計算，將兩個語料庫之間差異較大的詞進行排序。因此，欲探求文本的詞語顯著性，除了研究主要文本外，還需要找尋另一個可以與之對照的文本。其主要研究對象的比較組被稱為「標的語料庫」，對照組則被稱為「參照語料庫」。一個詞語在兩個語料庫之間使用頻度差異越大，顯著性的值便越大。

　　那麼，如果我們將《史記》視為主要研究語料，其參考文獻的文本視為比較語料，那麼兩批文本之間似乎也適用於計算詞語顯

---

[96] 用電腦輔助人文社會科學的研究方法，大致可分為電腦輔助內容分析（computer-aided content analysis）、電腦輔助詮釋性文本分析（computer-aidcd interpretive textual analysis）、語料庫語言學（corpus linguistics）三種。關河嘉、陳光華：〈庫博中文獨立語料庫分析工具之開發與應用〉，《數位人文研究與技藝第六輯》（臺北：國立臺灣大學出版中心，2016 年），頁 288。

[97] **Biber, D., Conrad, S. & Reppen, R.**, *Corpus Linguistics: Investigating Language Structure and Use*, (Cambridge, UK: Cambridge University Press, 1998).

著性來進行比較。換言之，以詞語顯著性來遠讀比較文本間差異，應能觀察出該文本欲加強論述的旨趣。筆者所採用的研究流程與工具如下圖所示：

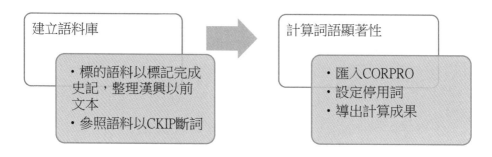

圖 3.2　詞語顯著性研究流程圖

想要探討《史記》對比其引用文獻的詞語顯著性，如圖 3.2 所示，必須先建立語料庫，才能完成計算。由於數位人文研究的前提是文本數據化的完成，因此此次蒐集建庫的幾種文本，是以中央研究院標記完成的上古漢語語料庫版本為主。[98]筆者採用標記完成語料的語料能有效降低斷詞的錯誤，取得正確的斷詞；並且透過詞性標記，一定程度的詞義消歧，獲得更精準的分析文本。

　　一般而言，計算詞語顯著性時，「參照語料庫」需大於「標的語料庫」[99]以便觀察。

---

[98] 中央研究院上古漢語語料庫，擷取於 112 年 9 月 24 日。
　　https://lingcorpus.iis.sinica.edu.tw/ancient/
[99] **Mike Scott & Christopher Tribble**, *Textual Patterns: Key Words and Corpus Analysis*

今本《史記》共 52 萬多字，為求詞語顯著性精準計算，對齊兩個語料庫間的時代斷限，降低情節文字干擾。因此筆者刪去《史記》表、書，及本紀、世家、列傳中紀錄漢興以後的情節作為「標的語料庫」，則「標的語料庫」的《史記》文本共有 221,745 個字。

筆者將漢興以前的《史記》文字作為「標的語料庫」，表 3.1 列出高頻參考的十種文本則是「參照語料庫」。根據表 3.1 瀧川資言《史記會注考證》統計，採計包括《左傳》、《戰國策》、《論語》、《淮南子》、《國語》、《尚書》、《呂氏春秋》、《孟子》、《韓非子》、《莊子》等前十部高頻引用著作，全文共 872,331 字。則兩個語料庫大小，便符合「參照語料庫」大於「標的語料庫」的計算規則。

接著，筆者將兩個語料庫依序輸入 CORPRO 中文獨立語料庫分析軟體。然後將《史記》的虛詞作為停用詞[100]，降低判讀的干擾。一般斷詞研究都會優先排除一字詞，因為往往數量太多，而且也容易有歧異。但由於上古漢語有許多單字詞的使用，加上此次使用的文本已是標記完成的語料，因此，在保留標記的狀況下，仍保留單字詞的部分。再根據計算的結果，一一檢索，由前後綴詞精準判斷，進行論述。最後，獲得《史記》與十種文獻詞語顯著性比較表如下表 3.3：

In Language Education(Philadelphia: John Benjamins, 2006 年）.

[100] 筆者主要根據吳慶峰主編《《史記》虛詞通釋》的研究成果。由於詞語顯著性的研究單位是「詞」，因此扣除該書中慣用詞組、固定格式，作為此次研究的停用詞。詳見吳慶峰主編：《《史記》虛詞通釋》（濟南：齊魯書社，2006 年）。

表 3.3　《史記》與十種文獻詞語顯著性比較表

排序	詞	標的語料庫%	參照語料庫	詞語顯著性%
1	年	0.7858	0.1624	861.3419
2	立	0.3022	0.0897	227.4906
3	太子	0.1870	0.0414	192.6248
4	歲	0.1412	0.0352	129.5932
5	秦	0.6177	0.1625	379.7601
6	孔子	0.1432	0.0488	89.4925
7	廉頗	0.0284	0.0001	86.4527
8	相如	0.0160	0.0001	47.2997
9	趙	0.1364	0.0701	38.4984
10	楚	0.2231	0.1366	36.6547

表 3.3 是電腦計算出《史記》漢興以前篇章的詞語顯著性。標的語料庫和參照語料庫的值，指得是該詞彙在語料庫中出現的比例，而詞語顯著性則是兩個語料庫同一詞彙出現特徵的匯算結果。我們可以看到表 3.3 中詞語顯著性最大的是「年」，其次依序為「立」、「太子」、「歲」、「秦」、「孔子」、「廉頗」、「相如」、「趙」、「楚」等詞。我們可以將這些顯著性大的詞彙分成幾組觀察，分述如下。

　　首先要看到的表 3.3 中「年」、「歲」一詞。在《史記》的行文中，「年」、「歲」多前綴數字，表示時間點或時間長度單位，與時間有關。我們知道《史記》是通史，串聯五帝到武帝朝約三千多年

的史事。為了梳理人物、史事以「通古今之變」，自然會常常紀錄時間點，從而常用到「年」、「歲」推演時序。而十種典籍中屬於史部的是《左傳》、《國語》、《戰國策》，《左傳》依循著春秋編年體編目，以時間為敘，傳解其事；《國語》、《戰國策》則是國別史，以國別為篇目，然後其下繫連相關事件。至於其他典籍如《論語》、《呂氏春秋》、《韓非子》、《莊子》等，並非史書因此行文間較少紀錄年歲。因此，將十種典籍作為參照語料庫來觀察《史記》的詞語顯著性時，「年」、「歲」成為詞語顯著性高的詞彙。

　　透過電腦計算「年」、「歲」的詞語顯著性，修正了過去我們對於《史記》紀傳體側重人物、事件書寫，較忽略時間串連的看法。如果我們透過電腦的提示，關注《史記》對時間的紀錄，會發現《史記》敘事多刻意標示出時間，讓人物、事件的演繹能夠根據時間的軸線，被串接成一部上下三千多年的通史。再結合《史記》「表」的體例來輔助閱讀，就能將本紀、書、世家、列傳人物事件歸入其中。而這樣的辦法，能救濟紀傳體體例時間線較雜亂的缺點。因此太史公能透過時間的刻意標記，整理錯綜複雜的時間線，並用表格的輔助閱讀，完成他以「通古今之變」以「成一家之言」的撰述目的。透過詞語顯著性的比較，我們可以說「年」、「歲」這個詞的高頻使用，正是太史公開創紀傳體時，整理文獻時間、強化時間標記的證據。

　　再來是與「過秦」核心有關詞組，包括「秦」、「趙」、「楚」。

《史記》是「通古今之變」的通史，希望能夠從政權更迭中找出「原始察終，見盛觀衰」[101]的規律。因此儘管其方法市整理漢以前政權興衰，但其目的是為了資鑑漢武帝當代。因此「過秦」、「宣漢」是《史記》中極重要的主題，也是篇幅較多的部份。歷來評家透過文本細讀的方法，對於《史記》注重秦國興衰的安排多有討論。吳汝綸評〈秦本紀〉曰：「此篇為秦有天下作勢，通篇趨重末段。」認為〈秦本紀〉的紀錄主要是為了後來秦朝統一鋪墊，討論其發跡的過程。吳見思則曰：「秦之自微而盛，凡作十結。至始皇并天下，號皇帝，已極盛矣，而偏作一小段。以極敗興數語結之，盛極而衰亡也。」則透過章法結構，觀察到太史公如何逐步書寫觀察秦政權的「見盛觀衰」之所在。

前已說明，此次詞語顯著性的計算，由於希望能與「參照語料庫」的時代斷限對齊，因此《史記》漢興以前篇章作為「標的語料庫」，我們將《史記》紀錄漢興以前史事及先秦文獻對比，雖然《史記》寫戰國時期史事雖多用《戰國策》，《戰國策》也有許多篇章紀錄秦、趙、楚等史事，但由於參照語料庫中還有《尚書》、《論語》、《孟子》、《莊子》等較無關注秦、楚、趙三國史事的典籍，並且太史公寫秦朝相關史事的重要參考著作《秦記》今已亡佚不可得[102]，

---

[101] 漢·司馬遷：《史記》（北京：中華書局，1982 年二版），頁 3319。

[102] 瀧川資言考證〈秦本紀〉曰：「此紀以秦紀為經，以左傳、國語、國策為緯，比諸吳齊魯諸世家，其事大備者為此也。」，詳見瀧川資言：《史記會注考證》（高雄：麗文圖書公司，1997 年），頁 83。

因此稀釋了詞彙的比重。

　　但是更具意義的是，就司馬遷後設的歷史觀察來看，東周時期整個春秋史，值得關注的是秦國的崛起；而漫長的戰國史，則是東方六國與秦國對抗史。因此在《史記》中，〈周本紀〉緊接著〈秦本紀〉，而〈秦本紀〉之後就是〈秦始皇本紀〉。而在《左傳》、《國語》而言，以魯史與中原幾個諸侯國家為中心，自然不會太關注地處西戎、逐漸強大的秦國。而在戰國時期，秦國與楚國、趙國的幾大戰役，更是天下局勢的轉捩點，導致我們在詞語顯著性的計算時，會發現《史記》很明顯關注秦、楚、趙的傾軋和興衰。

　　接著可以一併討論的是表 3.3 的人物詞組，包括廉頗（前 327－前 243）、藺相如（？－？）和孔子（前 551－前 479）。先看廉頗和相如。廉頗、藺相如是戰國晚期良將名相，趙國由於武靈王（前 356－前 295）推行胡服騎射，成為戰國中晚期少數能與秦國抗衡的強國，秦始皇的父親亦曾在趙國為質。武靈王後，秦趙間曾發生長平之戰（前 260－前 262），當時藺相如重病，秦國用反間計使趙王以趙括取代廉頗，趙國慘敗，由盛轉衰，終至一決不振。因此在司馬遷看來，廉頗、藺相如是趙國政權盛衰的轉捩點，司馬遷在列傳中特將二人合併寫進〈廉頗藺相如列傳〉一篇。

　　今日所見先秦文獻中關於廉頗的紀錄並不多，據瀧川資言的考證，僅見於《太平御覽》引《戰國策》的兩段文字：

《戰國策》曰：秦伐趙，趙以趙奢之子代廉頗為將，拒秦將王齕於長平。[103]

（《戰國策》）又曰：秦與趙兵相距長平，趙孝成王使廉頗為將，固壁不戰。秦數挑戰，廉頗不出。秦之間言曰：「秦之所患，獨畏馬服趙奢之子為將耳。」趙王信秦之間，因以奢子為將，終為秦將白起所敗。[104]

上面兩段引文，第一段只敘述了趙奢之子趙括取代了廉頗，帶領趙軍對抗秦國。而第二段引文則是秦王離間廉頗與趙王的過程，最後導致趙括取代廉頗領軍。這兩段《戰國策》文字被保留在《太平御覽》之中，今本《戰國策》則未見。然藺相如的事蹟在先秦文獻中未見，一直要到賈誼《新書》才有「故魏有公子無忌，而削地復；趙任藺相如，而秦兵不敢出」的紀錄。而從上述這些引文，包括今本《戰國策》，皆未見藺相如與廉頗的互動等事，儘管太史公應另有所本。但是我們卻也可以就廉頗、藺相如事蹟的散佚，推論二人在戰國史中其實未必如《史記》特闢一篇來得重要。

考察《史記》中廉頗和藺相如出現的位置，廉頗除了出現在本傳外，亦見〈秦始皇本紀〉、〈燕召公世家〉、〈趙世家〉、〈陳涉世家〉、〈白起王翦列傳〉、〈范雎蔡澤列傳〉、〈樂毅列傳〉、〈廉頗藺相如列傳〉、〈張釋之馮唐列傳〉、〈太史公自序〉等篇，約四十餘次。而藺

---

[103] 宋・李昉：《太平御覽》（北京：中華書局，1960 年），頁 1311。
[104] 宋・李昉：《太平御覽》（北京：中華書局，1960 年），頁 1349。

相如則除了本傳外，僅在〈趙世家〉、〈司馬相如列傳〉、〈太史公自序〉等三篇可見其事蹟，次數僅有 3 次。那麼司馬遷為什麼要為他們二人設立專章呢？並且在〈廉頗藺相如列傳〉中用和氏璧事件大大強化了藺相如的形象呢？筆者以為，太史公寫本篇除了彰顯廉頗在趙國歷史上的關鍵影響為，更用廉頗對比藺相如，討論勇氣的定義。太史公對廉頗的形容是「趙之良將」、「以勇氣聞於諸侯」[105]，司馬遷將之與藺相如合傳，推崇寫藺相如勇拒秦王，並能忍讓廉頗的事蹟。並在該傳的論贊時說：「知死必勇，非死者難也，處死者難」[106]，並大大的讚美藺相如，則司馬遷雖稱美廉頗，實際則是透過廉頗烘雲托月，更推崇藺相如的人格特質。因此司馬遷寫二人事蹟，實際是想藉此表達他對於「勇氣」的觀點。就司馬遷看來，真正的勇敢不只是攻城掠地的武勇，而是面對威脅與屈辱時，能夠忍辱負重，堅持道德勇氣，完成理想。這樣的生命歷程，與司馬遷本人遭受宮刑，發憤著書的背景及其相似。因此筆者以為，司馬遷花費大量的筆墨塑造〈廉頗藺相如列傳〉，目的在彰顯勇氣的價值，其中的寄託，實在與〈屈原賈生列傳〉的寫作目的相似，重點在借他人之酒杯，澆自己心中之塊壘。

再來討論孔子。司馬遷在〈太史公自序〉中以與壺遂對話的形式寫下他的創作動機：

---

[105] 漢・司馬遷：《史記》（北京：中華書局，1982 年二版），頁 2439。
[106] 漢・司馬遷：《史記》（北京：中華書局，1982 年二版），頁 2451。

　　壺遂曰：「孔子之時，上無明君，下不得任用，故作《春秋》，垂空文以斷禮義，當一王之法。今夫子上遇明天子，下得守職，萬事既具，咸各序其宜，夫子所論，欲以何明？」

　　太史公曰：「……漢興以來，至明天子，獲符瑞，封禪，改正朔，易服色……余嘗掌其官，廢明聖盛德不載，滅功臣世家賢大夫之業不述，墮先人所言，罪莫大焉。余所謂述故事，整齊其世傳，非所謂作也，而君比之於《春秋》，謬矣。」[107]

明清《史記》評家論《史記》，多討論太史公對孔子的效法意圖。儲欣評點〈孔子世家〉論贊說：「余讀太史公書，其間考信《六藝》，推崇孔子，可謂至矣。」點出太史公以處處考信於《六藝》表達其推崇。而郝敬則曰：「子長〈自序〉志在繼《春秋》，上比六藝，言必稱孔子，可謂因得其宗。」認為司馬遷在〈太史公自序〉中雖說《史記》「比之於《春秋》，謬矣」，但也說效法聖賢發憤著書。實際上我們從《史記》敘事上比六藝，行文中屢稱孔子，可以知道司馬遷實際私淑孔子的真實態度。透過上述舉例，不難發現過去的評家文本細讀分析，已觀察到司馬遷言必稱孔子，取法孔子的著述旨趣。而此次運用數位人文方法計算《史記》及其引書，發現「孔子」的高顯著性，結合表 3.1《史記》引書的排行，其中《論語》非史書卻高居排序第三，則太史公撰述《史記》，以私淑孔子，竊比《春秋》為目的，已得到數位人文遠讀數據的證明。關於孔子更多的探

---

107 漢・司馬遷：《史記》（北京：中華書局，1982 年二版），頁 3299-3300。

討，請見本書第五章。

最後一組值得觀察詞語顯著性的詞彙是「太子」和「立」。周時，天子及諸侯的嫡長子，稱「太子」，也稱為「世子」。秦朝國祚過短，未立太子。漢時則改稱太子、皇太子。《史記》中「太子」一詞的分布圖如下：

圖 3.3　《史記》中「太子」詞彙分布圖

關鍵詞分布圖是表現詞彙在文本中出現的位置，如果關鍵詞是人物，分布圖的由左而右的線型時間軸就是敘事文本從開頭到結尾的時間線，如果同時為多個角色標色，就會呈現出「你方唱罷我登場」的出場次序。圖 3.3 是關鍵詞分布圖，圖像的左邊敘事的起點，而右邊則是敘事的結尾。因此就《史記》來說，最左邊是〈五帝本紀〉，最右邊則是〈太史公自序〉。當關鍵詞出現在敘事之中時，會用色點標示，當反覆出現時，就會加深色點，並且呈現連續的現象。圖 3.3 左半部有一段明顯的空白，對照《史記》文本編目，不難發現正是由於「書」的體例以制度史的紀錄為主，致使《史記》八書中未見「太子」一詞，因此以全書繪製詞彙分布圖，會出現一段空白斷裂處。然而，除了「書」的特殊紀錄內容外，我們觀察圖 3.3 可以發現司馬遷在述史的過程中非常注重「太子」的紀錄，導致圖 3.3 中的圓圈幾乎已經因為重出交疊成連續的直線。

　　筆者將《史記》參考文獻史部的三本，即《左傳》、《國語》、《戰國策》亦採用同樣的方法，繪製出「太子」的詞彙分布圖：

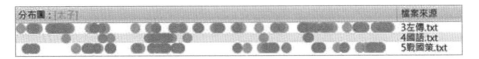

圖 3.4　《左傳》、《國語》、《戰國策》中「太子」詞彙分布圖

應當注意的是，《左傳》對於「太子」的用語比較混亂，常有太子、世子、大子混用的狀況。如晉獻公的長子申生，在莊公二十八年稱「太子」，閔公元年、二年稱「大子」，僖公五年則稱「世子」。而《史記》則統一稱謂，皆以「太子」稱之。因此在繪製《左傳》「太子」詞彙分布圖時，要將「太子」異名同實的詞彙歸入圖中。而《國語》、《戰國策》此情形則較少，最後形成上圖 3.4 的分布圖。我們觀察圖 3.4 可以發現，三本先秦史書紀錄太子的狀況明顯與圖 3.3《史記》的分布狀況不同，中間有許多空缺。那麼，透過兩張圖的比較，不禁讓人懷疑，《史記》中如此綿密高頻的紀錄「太子」，司馬遷是否有刻意透過連屬文辭以彰顯的撰述目的呢？

　　我們回歸到《史記》文本觀察，不難發現，「太子」一詞，常與「立」連用，產生了共現關係：

　　　　湯崩，**太子**太丁未**立**而卒，於是**乃立**太丁之弟外丙，是

為帝外丙。[108]

　　明年，西伯崩，**太子**發**立**，是為武王。[109]

　　及孝公卒，**太子立**，宗室多怨鞅，鞅亡，因以為反，而卒車裂以徇秦國。[110]

　　高乃與公子胡亥、丞相斯陰謀破去始皇所封書賜公子扶蘇者，而更詐為丞相斯受始皇遺詔沙丘，**立**子胡亥為**太子**。[111]

　　敗後乃獨得孝惠，六月，**立**為**太子**，大赦罪人。[112]

從〈殷本紀〉、〈周本紀〉、〈秦本紀〉、〈秦始皇本紀〉到〈高祖本紀〉，司馬遷在紀錄政權變化時，都特別花費筆墨，說明立太子的事件。不只上述引文舉例，檢索本紀、世家篇章，每一位新王或諸侯繼立，大部分都會有立「太子」某某，為某王的敘述，這當然反應了傳統中國嫡長子的宗法制度。春秋以後歷經世子制度的破壞，太子之爭也成為春秋、戰國時代各國朝堂重要的事件。但是透過引書的對比，即將《史記》漢興以前史事紀錄和《左傳》、《戰國策》、《國語》等參照語料庫相比，不難發現司馬遷撰述漢興以前史事時，對「太子」的關注更為顯著，因此呈現極高的詞語顯著性，並常與「立」的動

108　〈殷本紀〉，漢・司馬遷：《史記》（北京：中華書局，1982 年二版），頁 98。
109　〈周本紀〉，漢・司馬遷：《史記》（北京：中華書局，1982 年二版），頁 118。
110　〈秦本紀〉，漢・司馬遷：《史記》（北京：中華書局，1982 年二版），頁 205。
111　〈秦始皇本紀〉，漢・司馬遷：《史記》（北京：中華書局，1982 年二版），頁 264。
112　〈高祖本紀〉，漢・司馬遷：《史記》（北京：中華書局，1982 年二版），頁 372。

詞連用。而這些事件再結合圖 3.3 的分布狀態觀察，其實不只本紀、世家，即便是列傳，「太子」也常常是列傳人物生平中重要的關係人，因此也常常在列傳敘事中提及，呈現了高詞語顯著性又分布綿密的狀態。

司馬遷為什麼比《左傳》、《國語》、《戰國策》的作者相比，更強調立太子，導致在敘述先秦史時要反覆寫下立太子某某的文字？在太史公寫作《史記》之時，漢武帝朝也正經歷繼承人的政爭。據學者考證，《史記》完稿於漢武帝征和二年（前 91），正是漢武帝朝巫蠱之禍鬥爭最激烈的時候。曾寫信向司馬遷求助，讓司馬遷回信寫下〈報任少卿書〉的任安（？－前 91），就是在巫蠱之禍中因支持太子受罰之人。司馬遷在李陵案後，親歷朝堂政治風暴，幾次改稿刪削，最終完稿。那麼，「太子」一詞在《史記》中每每出現，是否當是司馬遷的「通古今之變，成一家之言」中，有特殊資鑑當代的作用？對於「太子」一詞，就筆者寓目所及，未見有評家特別深入探討之。而此點也是司馬遷於〈太史公自序〉、〈報任安書〉中未特別提及的。可惜今所見〈孝武本紀〉，或稱〈今上本紀〉是後人截取《史記‧封禪書》並在開頭補寫數十字而成，已喪失原貌，否則就能夠看到司馬遷對於當代史有更多的論述，以及對巫蠱之禍的回應。

總體而言，透過數位人文詞語顯著性的計算，我們能夠窺探太史公《史記》撰作的意圖，除了司馬遷刻意以「年」標記時間點，

以彌補紀傳體的缺陷。並可從「秦」、「趙」、「楚」、「太子」、「孔子」等詞，可以看見司馬遷私淑孔子，資鑑當代的心意。而「廉頗」的高頻次出現，除可見其史識外，更可知司馬遷在述史之餘，亦透過行文展現發憤著書的自我療癒。透過鎔鑄金匱石室之書，展現詩心，完成「成一家之言」的目標。

第四節　結語

　　金聖歎在《讀第五才子書法》指出：「《史記》是以文運事，《水滸》是因文生事。以文運事，是先有事生成如此如此，卻要算計出一篇文字來，雖是史公高才，也畢竟是吃苦事。」[113]誠如金聖歎所言，司馬遷著史並非無中生有，而是透過收藏於宮廷的金匱石室之書，結合自己田野調查資料，撰寫一部時間跨度三千多年，總字數高達五十餘萬字的通史，誠然有其苦心孤詣的過程。其以文運事的目的，是希望能夠「究天人之際，通古今之變，成一家之言」，表達其歷史哲學和淑世理想。因此如何運用這些文獻，便成了歷代《史記》研究的重要課題。研究者或從引用書籍目錄考索，或從單一文獻深入，分析《史記》文獻相關問題。

　　本章透過數位人文段落相似度、詞語顯著性兩個機器「遠讀」

113　清·金聖歎著，曹方人、周錫山標點：《貫華堂第五才子書》（南京：江蘇古籍出版社，1985 年），頁 18。

的方法，討論《史記》運用文獻的狀況。筆者從段落相似度、詞語顯著性兩方面，考察《史記》撰述過程的「述」與「作」。「述」指的是《史記》與它之前文獻的引用關係；「作」則是聚焦在《史記》與它引用文獻內容重點的差異性。研究發現透過電腦運算比對《史記》和五種高頻使用文本的順序略與《史記會注考證》人工判讀的結果不同，依序是：《戰國策》、《左傳》、《國語》、《論語》、《淮南子》，可知《史記》在整理先秦史事時，較依賴《左傳》、《國語》、《戰國策》這種史部性質的書籍。並且就年代先後來說，戰國時代較春秋更近於西漢，再加上挖掘政權「原始察終」、「見盛觀衰」和「過秦」的探討，因此可見《史記》引書大量使用《戰國策》文獻的狀況。而除了上述史部性質書籍外，《史記》還較多參考《論語》和《淮南子》。《論語》是儒家經典著作，《淮南子》則是黃老學的代表，引用次數多，段落相似度也較大，這反應了《史記》在鎔鑄文獻的過程，有著黃老與儒家融合的思想取向。

筆者進一步使用「詞語顯著性」分析《史記》與參考文獻間的差異，發現《史記》中詞語顯著性高的幾個專有名詞，反應了太史公的撰作旨趣。司馬遷用「通古今之變」以「成一家之言」，以文運事的目的是資鑑當代，表達其淑世理想。對漢朝而言，「過秦」是重要的議題，因此對於秦王朝的原始察終、見盛觀衰，與週邊國家的傾軋，就成了述史的重點。「太子」於各篇中的頻繁出現，與「立」常共現使用，表現了司馬遷對封建制度的堅持、對王權傳承的重視，應有對「當代史」的勸諫目的。

　　而詞語顯著性高的人名更有其意義。司馬遷從歷史洪流中特別挑選出「廉頗」、「藺相如」，為之立傳，闡述其對於勇氣的看法，是太史公詩心的展現。而「孔子」的詞語顯著性高，也呼應了太史公撰述《史記》私淑孔子、竊比《春秋》的態度。

　　總體而言，比較史記漢興以前史事及其引書，從「段落相似度」觀察其同，就「詞語顯著性」分析其異。筆者以為對於範圍較大的研究課題，我們可以借助電腦遠讀的各種工具，先以電腦運算獲得初步的座標，然後按圖索驥，再以「人」繼續深入，後續分析詮釋資料的意義。從數位人文視野下觀察《史記》的述與作，能回應傳統文史研究文本的結果，並補充更多的內涵。與文本細讀分析相比，機器遠讀儘管有部份侷限，但由於其能在短時間之中處理大量文獻的特性，實際能擴充研究的廣度，挖掘更多司馬遷史蘊詩心。

第四章

關係網路：
《史記》的結構

第四章　關係網路：《史記》的結構

關係網路是由許多節點構成的網路結構，節點可以是人物、字詞或其他標的物，觀察節點分布位置可以思考結構問題。

　　司馬遷在其父舊稿的基礎上，鎔鑄漢武帝以前的文獻，透過記述歷史，闡述自己對於歷史的思索。孟子曰：「其事則齊桓、晉文，其文則史。孔子曰：『其義則丘竊取之矣。』」[114]說明孔子修《春秋》，有事、文、義三個層次。就事件而言，就是春秋時代五霸迭起的故實；以文法而言，乃是史官傳統的載筆方式；再事義而言，就是孔子的一家之言。類比《史記》，其事就是從五帝到西漢朝的通史，資料來源包括其父舊稿、引用圖書，已在前兩章釐清。本章將針對「其文則史」的部分，運用共現關係、關係網路的計算，重新探討司馬遷如何安排架構、鋪敘時間、組織人物的行文結構。

第一節　《史記》體例的關係

　　《史記》是中國史學的經典著作，以本紀、表、書、世家、列傳的幾種體例組織架構全書。司馬遷在〈太史公自序〉裡，曾經解

---

[114] 宋・朱熹：《四書集注》（臺北：漢京文化，1983 年），頁 703。

釋這幾種體例所代表的意義：

> 网羅天下放失舊聞，王跡所興，原始察終，見盛觀衰，論考之行事，略推三代，錄秦漢，上記軒轅，下至于茲，著十二本紀，既科條之矣。并時異世，年差不明，作十表。禮樂損益，律歷改易，兵權山川鬼神，天人之際，承敝通變，作八書。二十八宿環北辰，三十輻共一轂，運行無窮，輔拂股肱之臣配焉，忠信行道，以奉主上，作三十世家。扶義倜儻，不令己失時，立功名於天下，作七十列傳。[115]

「本紀」紀錄政權興衰，是司馬遷修撰《史記》最主要的核心。所謂「略推三代」在司馬遷看來，夏、商、周三代，他用了「略推」二字，代表他對於夏、商、周的上古史事，敘事較為簡略。而對於秦漢間事的近代史、當代史，則是記錄的較為詳實。除了「本紀」，司馬遷另立「表」，將人物事件置放在應有的時間軸；而時間軸分為年表、月表，依照事件的多寡決定時間的刻度大小。「書」寫制度因革損益，包括〈禮書〉、〈樂書〉、〈律書〉、〈歷書〉、〈天官書〉、〈封禪書〉、〈河渠書〉、〈平準書〉等面向。排序在「書」之後的是「世家」，為政權輔弼股肱大臣之家。司馬遷觀察天上星宿與生活事物，認為在人主旁邊必然需要一群忠信股肱之臣的輔佐。就封建道統而言，君王為求政權鞏固，會分封有功臣，並讓他們成為世襲之家。《史記》中的世家，先秦時以周天子為核心，故世家多為諸

---

[115] 漢·司馬遷：《史記》（北京：中華書局，1982 年二版），頁 3319。

侯國的紀錄；漢興以後則包括功臣以及王室宗親。「列傳」則是紀錄非本紀、世家的人物，其標準為「扶義俶儻，不令己失時，立功名於天下」[116]，或為人物專傳，或為合傳，或為類傳、附傳，皆是一些太史公認定不應從時間洪流中被淹沒，值得史上留名的人物。

上述本紀、表、書、世家、列傳五種《史記》體例，都是首見於《史記》。然而儘管如此，這些體例並非司馬遷的創新發明，而是融合改良先秦典籍的寫作安排，皆可以追溯出體例的本源。「本紀」之名源於「禹本紀」，內容仿自《春秋》。「表」的名稱乃自「譜」名音變而來，內容仿自〈周譜〉。「書」源於《尚書》，序傳仿自「書序」。「世家」、「列傳」的名稱與內容則繼承自《世本》的「世家」與「傳」。而「太史公曰」的論贊則自《左傳》「君子曰」繼承而來[117]。換言之，司馬遷是在整理先秦典籍文獻後，除了文獻內容，同時也兼採各家體例之長，調和鎔鑄成《史記》的架構。

承前所述，《史記》的敘事核心是本紀，作為紀錄政權興衰的通史，他的時間卻不完全等同於朝代的興亡。「本紀」共分為十二篇，分別為〈五帝本紀〉、〈夏本紀〉、〈殷本紀〉、〈周本紀〉、〈秦本紀〉、〈秦始皇本紀〉、〈項羽本紀〉、〈高祖本紀〉、〈呂太后本紀〉、〈孝文本紀〉、〈孝景本紀〉、〈孝武本紀〉。司馬遷先將五帝的傳說時代直接合併成一篇〈武帝本紀〉；夏、商、周則以朝代為主。應

---

[116] 漢・司馬遷：《史記》（北京：中華書局，1982 年二版），頁 3319。

[117] 阮芝生：〈論史記五體的體系關聯〉，《臺大歷史學報》第 7 期（1980 年 12 月），頁 1-30。

當注意的是，在〈周本紀〉中，雖然包括了東周的歷史，但是司馬遷選擇將大多數春秋、戰國的政治事件，寫在〈秦本紀〉之中，這反應了在司馬遷的眼中，整個春秋、戰國史，最值得觀察的地處西陲的秦國政權如何茁壯的過程。而在〈秦本紀〉後，接著〈秦始皇本紀〉，忽略秦二世和子嬰的名稱，這反應了司馬遷認定秦朝的開國和覆滅，其實秦始皇是真正的關鍵人物。在秦始皇後，各地諸侯揭竿起義，秦朝政府已經逐漸喪失了整局的總控制權，而二世、子嬰的作為，只能視為〈秦始皇本紀〉中的遺緒。而若以司馬遷〈自序〉中「原始察終」的觀念論之，〈秦本紀〉從秦國的發跡開端，其時間雖與〈周本紀〉有所重疊，但其重要性是在對秦國富強後來統一天下開創秦朝，追溯「王跡所興」的「原始」。而〈秦始皇本紀〉則是詳載秦始皇的種種政策和晚年追求長生，忽略立儲，終究導致秦朝的覆滅，是太史公對於秦政權的「見盛觀衰」的「察終」。

　　在〈秦始皇本紀〉後，司馬遷又開啟新一輪的「王跡所興，原始察終，見盛觀衰」。他以〈項羽本紀〉拉開漢朝政權的序幕，突顯漢高祖開國前政權的主宰核心。歷代研究者多注意到太史公將項羽列入本紀的問題，劉知幾《史通》說：

> 以本紀為名，非唯羽之僭盜，不可同於天子；且推其序事，皆作傳言，求謂之紀，不可得也。[118]

---

[118] 唐·劉知幾：《史通》（臺北：臺灣商務印書館，1965年），卷二，頁13。

劉知幾（661－721）是唐高宗時進士，歷任著作佐郎、中書舍人、著作郎，主撰起居注，兼修國史二十餘年，著有《史通》，是唐代知名的史學家。在劉知幾的觀念中，本紀當是天子的專屬篇幅，因此司馬遷將並未稱帝的項羽列入本紀並不恰當。同時就內容而言，司馬遷著力描寫項羽英雄末路的生平，類似列傳中強調「倜儻」、「不令己失時」的義法，與本紀強調政權興衰有所不同，因此不適合列入本紀。中國學術從西漢到魏晉南北朝，逐步走向分化的階段，至隋唐時分類圖書已多採四部分類的方法，並且由朝廷政府開館修史。換句話說，在劉知幾的時代，對於史學已有獨立嚴格的定義與範圍，因此「以唐律西漢」，自然會對於司馬遷的作法有所批評。但除了劉知幾以外，許多的《史記》評論者卻是肯定司馬遷將項羽列入本紀的史識：

> 史公以項羽非有尺寸，乘勢起隴畝之中，遂將五諸侯滅秦，號令天下，政由羽出，則亦與天子無異，況亡秦者，實由於楚，其稱為本紀固宜。[119]

> 作史之大綱在明統。周有天下，秦滅之而統在秦；秦有天下，楚滅之而統在楚；楚滅而天下之統乃歸漢耳。羽入咸陽，殺子嬰，燔秦宮室，於是分裂天下而封王侯，政由己出，號為霸王，位雖不終，然代秦而號令天下，則既五年矣，此

[119] 金錫齡《劬書室遺集》卷 12〈讀史記項羽本紀〉，收入楊燕起等：《史記集評》（北京：華文出版社，2005 年），頁 297。

五年之統，非羽誰屬哉！[120]

上述兩段評論，所謂「政由羽出，則亦與天子無異」、「政由己出，號為霸王」皆是就項羽掌握政局本質的立場，強調在秦末之後項羽是實際左右天下政局的人物，是就政權轉移的過程考察，支持司馬遷將項羽列入本紀的作法。筆者以為，司馬遷項羽列入本紀，實際上仍然符合其定義本紀「原始察終」、「見盛觀衰」的脈絡，除了上述項羽左右天下政局的意義外，更重要的是，司馬遷透過項羽對比劉邦，探討漢朝「王跡所由興」，反思劉邦得天下的原因。翻檢〈項羽本紀〉和〈高祖本紀〉，會發現司馬遷刻意鋪排對比，讓讀者比較二人，思考劉邦之所以能打敗項羽的原因，其中最知名的例子就是二人入關中之後的不同反應：

> 諸將或言誅秦王。沛公曰：「始懷王遣我，固以能寬容；且人已服降，又殺之，不祥。」乃以秦王屬吏，遂西入咸陽。……與父老約，法三章耳：殺人者死，傷人及盜抵罪。餘悉除去秦法。諸吏人皆案堵如故。……秦人大喜……唯恐沛公不為秦王。[121]

劉邦入關中，子嬰出降，旁人建議劉邦誅殺秦王，劉邦卻獨排眾議，寬容待之。又直接廢除秦法，只與父老約法三章，瞬間就擄獲關中

---

[120] 馮景《解春堂文鈔》卷 7〈書項羽本紀後〉，收入楊燕起等：《史記集評》（北京：華文出版社，2005 年），頁 294。

[121] 〈高祖本紀〉，漢・司馬遷：《史記》（北京：中華書局，1982 年二版），頁 362。

民心，成為民心所向的共主。然而切換到〈項羽本紀〉，我們卻看見幾日前才因開城惶惶不可終日，後來因劉邦施行仁政而「唯恐沛公不為秦王」的關中父老，在項羽抵達後，「項羽引兵西屠咸陽，殺秦降王子嬰，燒秦宮室，火三月不滅；收其貨寶婦女而東」[122]，待遇急轉直下。透過〈項羽本紀〉和〈高祖本紀〉同一事件，二人兩相對比，民心向背，一目了然。因此司馬遷在〈高祖本紀〉中，就項羽屠燒咸陽後的敘述，強調「所過無不殘破。秦人大失望，然恐，不敢不服耳」[123]，敘述民心真實想法，對於以力服天下表達了不以為然的觀察。

　　楚漢相爭是秦末漢興之間重要的歷史事件，也是司馬遷極力關注之事。由於《史記》以人繫事，因此司馬遷寫楚漢相爭不只在〈項羽本紀〉、〈高祖本紀〉，與之相關的將相名臣司馬遷也分別在世家和列傳之中分別敘述之。更在十表之中，以月作為單位，詳細編排〈秦楚之際月表〉，讓讀者明瞭漢家政權「王跡所興」的各種脈絡。透過上述引文對比，可知劉邦以德服天下，項羽以力征天下，透過比較，強調政權所興必須建立在民心之上。除此之外，司馬遷還強調「用人」對於建立政權的指標：

　　　　使者歸報項王，項王乃疑范增與漢有私，稍奪之權。范增大怒，曰：「天下事大定矣，君王自為之。願賜骸骨歸卒

---

[122] 〈項羽本紀〉，漢・司馬遷：《史記》（北京：中華書局，1982 年二版），頁 315。
[123] 〈高祖本紀〉，漢・司馬遷：《史記》（北京：中華書局，1982 年二版），頁 365。

伍。」項王許之。行未至彭城，疽發背而死。[124]

君臣之間重視的互相信任，司馬遷曾在〈刺客列傳〉中藉由豫讓之口，說出其「國士遇我，我故國士報之」[125]的理念。在楚漢相爭的過程中，雙方陣營為了求勝，各種兵法謀略交錯使用，其中離間分化是很常見的方式。然而離間能否成功的前提，取決於君臣彼此的信任。項羽多疑高傲，因離間計懷疑其重要謀臣范增的忠臣。在范增求去後，不僅不挽留，還讓告老還鄉的范增「因病」客死途中，不禁讓人懷疑范增的死因，也讓其他項羽的臣子們寒心。相比於項羽，司馬遷在劉邦打敗項羽後，解釋了劉邦的用人之道：

> 高祖曰：「公知其一，未知其二。夫運籌策帷帳之中，決勝於千里之外，吾不如子房。鎮國家，撫百姓，給餽饟，不絕糧道，吾不如蕭何。連百萬之軍，戰必勝，攻必取，吾不如韓信。此三者，皆人傑也，吾能用之，此吾所以取天下也。項羽有一范增而不能用，此其所以為我擒也。」[126]

張良、蕭何、韓信等漢初三傑是幫助高祖得天下的功臣，透過劉邦的敘述，我們知道三人各有不同的專長與人格特質，因此能各司其職，合作無間。更重要的是，從劉邦的話中，我們可以看見高祖知人善任，虛懷若谷，用人不疑的態度，並將其視為自己「取天下」

---

[124] 〈項羽本紀〉，漢·司馬遷：《史記》（北京：中華書局，1982 年二版），頁 325。

[125] 〈刺客列傳〉，漢·司馬遷：《史記》（北京：中華書局，1982 年二版），頁 2521。

[126] 〈高祖本紀〉，漢·司馬遷：《史記》（北京：中華書局，1982 年二版），頁 381。

的主要原因。司馬遷對比項羽、劉邦「用人」的差異，是其對西漢政權的王跡所興的「原始」，因此筆者以為將項羽列入本紀，有其必要及意義。

再來本紀之中的〈呂太后本紀〉，也是基於同樣的史識。就司馬遷看來，在漢高祖劉邦死後，呂太后及諸呂的外戚是控制朝堂的關鍵人物，其如何以外戚控制權力的過程，是「見盛觀衰」的重要觀察。並且，在惠帝早夭，在惠帝過世，文帝登基前，呂后實際還另立劉恭、劉弘為前、後少帝，臨朝稱制，內封諸呂，太后專政。因此不作〈孝惠本紀〉，而是以〈呂太后本紀〉稱名。

《史記》的敘事線，以本紀為主軸，本紀之中，儘管十二本紀的訂定有司馬遷史識的呈現，但基本上還是以時間為順序。由於紀傳體主要以人繫事，導致同一歷史事件，可能會分散在相關人物的不同篇章之處，為了更清楚廓清時間與事件，司馬遷以十表將本紀、世家、列傳人物事件納入表格之中。那麼，十表既然是要釐清時間與事件，按理說也應當是以時間為序，但是檢索《史記》十表，依序為：〈三代世表〉、〈十二諸侯年表〉、〈六國年表〉、〈秦楚之際月表〉、〈漢興以來諸侯王年表〉、〈高祖功臣侯者年表〉、〈惠景閒侯者年表〉、〈建元以來侯者年表〉、〈建元已來王子侯者年表〉、〈漢興以來將相名臣年表〉，似乎不完全只是遵循時間的脈絡。呂祖謙曾解釋這樣的現象：

〈三代世表〉以世系為主，所以觀百世之本支也。〈十二諸

侯年表〉以下以地為主，故年經而國緯，所以觀天下之大勢也。〈高祖功臣侯年表〉以下以時為主，故國經而年緯，所以觀一時之得失也。〈漢興以來將相名臣年表〉以大事為主，所以觀君臣之職分也。[127]

呂祖謙關注分類的方式，包括世系、地點、時間、大事，可知司馬遷製表，會根據十表的主題，修改表格的欄位。而從十表的目次來看，司馬遷除了從先秦到漢武帝的時間先後座標外，還考慮人物的身分，而將漢興以後的人物事件，分成諸侯王、侯者、王子侯者、將相名臣幾個系統分別論述。筆者將本紀和表的時間軸對齊，就會獲得下圖 4.1：

本紀	五帝本紀	夏本紀	殷本紀	周本紀 秦本紀		秦始皇本紀	項羽本紀	高祖本紀	呂太后本紀	孝文本紀	孝景本紀	孝武本紀
表	三代世表			十二諸侯年表	六國年表	秦楚之際月表		高祖功臣侯者年表	惠景閒侯者年表	漢興以來諸侯王年表		
										建元以來侯者年表		
										建元已來王子侯者年表		
										漢興以來將相名臣年表		

圖 4.1　《史記》本紀和表時間對應圖

上圖 4.1 是本紀和表的對照圖，可以看見司馬遷對於周以前的史事由於年代久遠，考索不易，因此以世表略敘之。而從西周共和開始，詳載紀年，開啟了信史的時代。其後的表多以年為單位，唯秦末漢興一段政局瞬息萬變，因此縮小時間刻度，以月為單位。

---

[127] 呂祖謙《大事解題》卷 1，收入楊燕起等：《史記集評》（北京：華文出版社，2005年），頁 113。

　　而除了核心的本紀和對應的表外，還有書、世家、列傳三種。書由於是制度史，因此時間軸相對簡單，即是將八個不同主題，依照時序分別敘事之。世家則是微型的本紀，將輔弼不同政權的世襲之家用順序法敘述。而列傳或敘述單一人物生平，或合二人為一傳，或類列人物羅列之，基本也是按照時間的線索。

　　由是可知，司馬遷吸收了先秦典籍的內容和體例，傳換成本紀、表、書、世家、列傳五種體例，以本紀為核心，以表來序列時間和事件，而世家、列傳之人物事件，也多能在十表中找到相應的座標。因此，若以為本紀是全書的大綱，則表就是大綱的大綱。[128]那麼，如果我們以十表的事件為線索，透過數位人文方法重新串接，是否可以觀察出司馬遷以「表」經緯史事，和其他體例之間交互關係？

第二節　《史記》篇章的關係

　　《史記》以人繫事，司馬遷使用「表」作為時間軸線的補強，重要的歷史人物、事件會填入「表」之中，因此《史記》十表，有著大事記的效果。《史記》十表中出現事件人物，應當會出現在全書的其他章節。所以，如果我們以十表中的「人」為線索，應該可

---

128 阮芝生：〈論史記五體的體系關聯〉，《臺大歷史學報》第 7 期（1980 年 12 月），頁 1-30。

以與「本紀」、「書」、「世家」、「列傳」其他體例繫連。

　　舉例來說，〈秦楚之際月表〉中二世元年七月有「楚隱王陳涉起兵入秦」[129]，那麼這筆資料的關鍵人物就是陳涉，而陳涉的事蹟除了〈陳涉世家〉外，還出現在〈秦始皇本紀〉、〈項羽本紀〉、〈高祖本紀〉、〈留侯世家〉、〈陳丞相世家〉、〈白起王翦列傳〉、〈蒙恬列傳〉、〈張耳陳餘列傳〉、〈魏豹彭越列傳〉、〈黥布列傳〉、〈田儋列傳〉、〈樊酈滕灌列傳〉、〈酈生陸賈列傳〉、〈劉敬叔孫通列傳〉、〈季布欒布列傳〉等篇章。那麼，〈秦楚之際月表〉就會和上述本紀、世家、列傳的章節產生關聯性。同樣的道理，在〈秦楚之際月表〉中二世元年九月還有「韓廣為趙略地至薊，自立為燕王始」，關鍵人物是韓廣，韓廣的事蹟出現在〈項羽本紀〉、〈陳涉世家〉、〈張耳陳餘列傳〉等篇，那麼〈秦楚之際月表〉又可以因為韓廣，與上述幾篇串接。依此類推，我們可以運用這樣的邏輯，將《史記》十表事件人物，連結其他體例的篇章，考察《史記》五體間的關係網路。

　　這種串接的方法主要採用關係網路的概念。關係網路本是通過使用網絡和圖論來調查社會結構的過程，根據節點、連結、群聚、中心性等來展現網絡結構，也可跨界運用到文本研究，探討敘事文本中人物或物件的關係。在關係網路的圖像中，每一個探討的對象都可以是節點，而當節點與節點產生關係時就會連結成線條。節點位置、大小與線條粗細為關係強度所控制，透過觀察節點的分布與

129　漢・司馬遷：《史記》（北京：中華書局，1982 年二版），頁 764。

線條的狀態能探討關係結構。在《史記》十表與其他篇章的關係而言，節點就是《史記》的全部篇章。當「表」與其他篇章產生聯繫時，就會形成一條線條，關係越強，節點的大小、位置與關係線條的粗細也會被呈現出來。那麼，計算關係強度就成了繪製五體關係網路圖的首要課題。

在五體關係網路圖中，關係的強度就是人物出現的頻率，因此，正確計算出十表中人物出現在各章節出現的頻率，就成了數據清洗的主要工作。首先，筆者以人工挑選的方式，將《史記》中「表」的事件人物挑出，將文本中人物「異名同實」者，如項羽、項籍、籍、西楚霸王等皆指項羽同一人，製成同類詞表。

筆者同樣使用標記完成的《史記》為文本，降低數位計算的錯誤率。先將表記完成的《史記》文本、同類詞表匯入庫博中文獨立語料庫[130]，將「表」中的人物作為關鍵詞，利用其「關鍵詞分布」功能，一一取得人物在不同篇章的分布數據，共獲得 1967 筆資料，並紀錄同一人在同一篇的出現次數，作為權重。再將上述資料匯入 Gaphi，繪製關係網路圖，觀察人物分布篇章狀況。

透過上述方法，筆者獲得以下《史記》十表人物篇章分布圖。由於《史記》人物與篇章串聯的關係網路十分複雜，因此布局選用

---

130 關河嘉、陳光華：〈庫博中文獨立語料庫分析工具之開發與應用〉。在項潔編：《數位人文研究與技藝第六輯》（臺北：國立臺灣大學出版中心，2016 年），頁 285-313。

圖 4.2　《史記》十表人物篇章分布圖

面向大規模圖布局的開源演算法「OpenOrd」[131]。節點的大小由連

---

[131] S. Martin, W. M. Brown, R. Klavans, and K. Boyack (to appear, 2011), "OpenOrd: An Open-Source Toolbox for Large Graph Layout," SPIE Conference on Visualization and Data Analysis (VDA).

入連出的「度」作為控制項，顏色則根據特徵向量中心性漸層分色。值得注意的是，由於以人物串聯篇章的設定，節點有可能是人物，也有可能是篇章，為了區別二者，筆者將篇章節點統一標色，以區別人物。當「表」中的人物出現在其他篇章時，就會形成「邊」，筆者將《史記》十表分色標示，詳見雲端數位彩色圖檔。

由於《史記》十表並非完全根據時間軸排序，在〈秦楚之際月表後〉接續〈漢興以來諸侯王年表〉，而上述諸侯王皆是因為漢代開國過程中有功之臣，因此皆已紀錄在〈秦楚之際月表〉中，故圖4.2 中並無須重複〈高祖功臣侯者年表〉中人物，而是以人物第一次被紀錄在十表中的篇章為主。

有趣的是，〈建元已來王子侯者年表〉中的王子們，包括劉明、劉成、劉象、劉定國、劉代、劉守、劉稀、劉壽福、劉建、劉朝平、劉未央、劉嘉、劉貞、劉順、劉讓、劉膡丘、劉信、劉楚、劉騎、劉義、劉則、劉嘉、劉訢、劉齒、劉皋、劉頗、劉延年、劉萬歲、劉應、劉廣置、劉昌、劉發、劉差、劉方、劉光、劉壽、劉偃、劉類、劉買、劉不疑等，在運用關鍵詞分布計算時，竟幾乎未見於其他本紀、世家、列傳、書的篇章中，換句話說，上述人物只出現在〈建元已來王子侯者年表〉，他們的姓名並未與全書歷史事件有關，那麼，司馬遷將這些人列入〈建元已來王子侯者年表〉，有何深意？其實，在〈建元已來王子侯者年表〉的表序中，司馬遷曾做說明：

制詔御史：「諸侯王或欲推私恩分子弟邑者，令各條上，

朕且臨定其號名。」太史公曰：盛哉，天子之德！一人有慶，天下賴之。[132]

司馬遷的贊語，可分為推恩詔令與太史公自述兩小段。〈建元已來王子侯者年表〉記錄了自元光五年到元鼎元年各諸侯王之子，因推恩令而封侯的情況，因此司馬遷將推恩令與〈建元已來王子侯者年表〉串接，成為贊語的第一部份，說明王子侯的背景。在漢武帝以前因封建嫡傳的制度，諸侯王只能把封地和爵位傳給嫡長子，但也造成了諸侯世襲而有割據分裂的隱患。漢景帝三年（前154）強硬削藩，引發「七國之亂」。漢武帝在前車之鑑中，採用主父偃的建議，下令諸侯王把土地採用諸子均分制，「藩國始分，而子弟畢侯矣」，使諸侯國的傳承分化成更多的小王國與侯國，「大國不過十餘城，小侯不過十餘里」，如此漢朝朝廷能更有效控制平衡諸侯王國勢力。因此這個詔令名為「推恩」，實是「削藩」，目的在削弱平衡諸侯王勢力範圍。

推恩令的結果，諸侯王共有一百多名王子封侯，其中五十六名在元鼎五年（前112）坐酬金失爵，三十二人以絕嗣和其他罪過國除，至太初年間，只餘七十四名，不足半數。司馬遷在〈建元以來王子侯者年表〉表格中，讓這些「推恩」、「削藩」的王子侯們，客觀的被呈現出來，並在贊語中，除推恩令外，接續「盛哉，天子之

---

[132] 漢・司馬遷：〈建元已來王子侯者年表〉，《史記》（北京：中華書局，1982年二版），頁1071。

德！一人有慶，天下賴之」的贊語。

司馬遷的贊語，化用自《尚書·呂刑》：「一人有慶，兆民賴之，其寧惟永！」[133]慶，指善行德政，說明在主政者的政策，牽動天下大勢，如果主政者推行正確的政策，社會就會安和樂利，國家就會長治久安。司馬遷編纂西漢歷史，對因削藩導致的七國之亂的來龍去脈當然是熟悉的。他觀察歷史脈絡，借用《尚書》的話評價推恩令，知其對推恩令造成的效果還是較滿意的。在司馬遷看來，這些因推恩令被分封的王子侯們，完全就是依靠血緣關係的祖蔭，既沒有輔弼天子的作為，更不符合扶義倜儻的標準，可說是毫無建樹。透過數位遠讀的串聯，我們可以清楚發現，儘管司馬遷在表中列出了他們的名字，但在世家、列傳中，這些王子侯們可算是名不見經傳的無名之輩。因此除了在〈建元已來王子侯者年表〉中有所記載外，並未分布在其他篇章之中。

然而，司馬遷的贊語，還有一個值得透過篇章對比注意的地方，即司馬遷引用《尚書》原文時，省略了「其寧惟永」四個字，當有其深意。推恩令是主父偃向漢武帝的獻策，收效良好，因此司馬遷在〈建元已來王子侯者年表〉的贊語中，肯定這項政策的推行。然而，在主父偃的本傳〈平津侯主父列傳〉中，司馬遷除了推恩令，其實更多的篇幅，在呈現主父偃向漢武帝建言的〈諫伐匈奴書〉。

---

133 清·阮元校勘：《十三經注疏附校勘記》（北京：藝文印書館，2001 年），頁 300。

郭嵩燾《史記札記》曾評論〈平津侯主父列傳〉：

> 史公列〈平津主父傳〉於〈衛將軍傳〉後，專以諫伐匈
> 奴為義。[134]

郭嵩燾注意到司馬遷的排序，司馬遷對於漢武帝征伐匈奴的決策
有許多看法，包括將領的安排、征伐的正當性等等。在「言之者無
罪，聞之者足以戒」的概念下，委婉的運用篇章排序的方式，呈現
出他的觀點，因此，將匈奴避之數歲不敢入的〈李將軍列傳〉，放
在〈匈奴列傳〉之前，把因征伐匈奴有功而封侯拜將的〈衛將軍驃
騎列傳〉置放在〈匈奴列傳〉之後，說明戍邊之功應該屬於李將軍
家族，而非只是外戚的家族，暗諷漢武帝的賞罰不公。而在〈衛將
軍驃騎列傳〉後，再接續〈平津侯主父列傳〉，並大量抄錄主父偃
諫伐匈奴的上奏，說明了司馬遷對於漢武帝開邊的政策態度。而進
一步對比〈平津侯主父列傳〉和〈建元已來王子侯者年表〉兩篇，
就能夠理解司馬遷雖然讚美漢武帝推恩令的安內方法，但由於漢
武帝開邊的攘外政策，司馬遷實在難以將《尚書》中「其寧惟永」
一併引用讚美漢武帝，而只說了「一人有慶，天下賴之」，其背後
的原因，實在是希望漢武帝能夠謹慎推動施行每一項決策。

　　回到圖 4.2，除了看不見的建元以來諸王子侯們，我們可以看
見更為清楚的是其他篇章人物。不難發現，橘色〈十二諸侯年表〉

---

[134] 清・郭嵩燾：《史記札記》（臺北：樂天書局，1971 年)，頁 380-383。

和黃色〈六國年表〉相關的人物，由於是春秋戰國時各國分論，在圖表當中，分布的節點位置都是比較發散的狀況。相反地，《史記》的「本紀」紀錄的以政權興衰為主，因此在司馬遷的安排下，我們可以看見圖像中間紅色的〈三代世表〉相關人物，以黃帝、堯、舜、禹開端，接著較明顯的節點就是周王朝建立時的幾位人物，包括紂、文王、武王、成王。

而圖像右下角則是另一群特徵向量中心性較大的節點群，包括章邯、陳涉、張耳、陳餘、項梁、項羽、劉邦、韓信、呂后等人物，其散布在綠藍線條交界處，綠色是〈秦楚之際月表〉，藍色則是〈高祖功臣侯者年表〉，表示這段史事也是司馬遷歷史脈絡中刻意著力撰寫處。那麼，從圖 4.2 的中央到右上角的漢朝，可以看到司馬遷對於政權轉移的觀點，是由黃帝、堯、舜、禹開端，下接周王朝，然後跳過春秋、戰國的紊亂，與秦朝的短暫國祚，逕自接續漢代開國的過程，與孔子強調自「堯、舜、禹、湯、文、武、周公」一系而下的道統相呼應。

筆者再將上圖 4.2 的節點轉換成篇章與十表的關係，比如項羽出現在〈項羽本紀〉，那麼〈項羽本紀〉就會產生繫連到〈秦楚之際月表〉的一條關係線，權重就是項羽出現在〈項羽本紀〉的次數。當然，一位人物也會同時出現在相關人物的其他篇章，如項羽亦見於〈高祖本紀〉、〈蕭相國世家〉等，那麼根據項羽，〈秦楚之際月表〉也會和〈高祖本紀〉、〈蕭相國世家〉等篇章產生另外的關係線，

其權重也就是項羽出現該篇的頻率。如此，透過電腦的迭代運算，可以觀察《史記》十表與其他體例各篇的關係強弱，獲得下圖 4.3。由於計算的節點數較少，為了強化節點間的關係線條，因此選用力導向圖「Fruchterman Reingold」呈現，並將權重 5 以下的邊隱去。

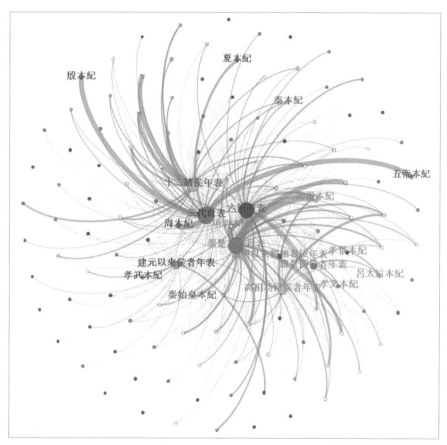

圖 4.3　《史記》十表人物與各篇章關係圖

圖 4.3 是合併加總後的結果，共有 128 個節點[135]，1942 條邊。節點的尺寸大小以「度」控制，節點顏色則以特徵向量中心性（eigenvector centrality）[136]分色，較大著為藍色，居中者為綠色，較小者則是黃色與紅色。節點標籤只開啟節點尺寸較大「本紀」和「表」的部分，標籤顏色則以凝聚力（Modularity Calss）分色，以觀察群組。而邊的顏色則以十表連到篇章的體例類型分色。

在圖 4.3 的中央，有 4 個比較大的節點，並且呈現特徵向量中心性的藍綠色，分別為〈三代世表〉、〈六國年表〉、〈十二諸侯年表〉、〈秦楚之際月表〉。所謂特徵向量中心性，是關係理論中表示與重要節點相連的數值。那麼以特徵向量中心性觀察，〈三代世表〉連接《史記》與夏、商、周有關人物篇章，〈六國年表〉主要串連春秋史事人物，〈十二諸侯年表〉則與戰國事件人物相關篇章相連。從五帝到戰國時代，時間跨度大、影響人數眾多，因此能夠彼此連結的篇章自然會造成較大的特徵向量中心性。值得注意的是，〈秦楚之際月表〉的在圖 4.3 中十分關鍵，代表〈秦楚之際月表〉連結的事件人物篇章十分眾多，就節點標籤顏色反應的凝聚力分群觀

---

[135] 《史記》共 130 篇，少去的 2 個節點為〈漢興以來諸侯王年表〉、〈建元已來王子侯者年表〉二篇。前已說明，以關鍵詞分佈方法計算關係權重，採計人物第一次出現在十表的篇章，因此〈漢興以來諸侯王年表〉、〈建元已來王子侯者年表〉二篇本身人物因重出數量較少，又未見於其他篇章，因此共得 128 個節點。

[136] 特徵向量中心性，主要用以計算節點連結節點以及其所連結的節點本身的關係網路數。換句話說，當兩個連接數相同的節點，其相鄰節點如本身權重較高，相鄰節點的權重分數即會累加影響上去。特徵向量得分較高意味著該節點與許多自身得分較高的節點相連接，如以關係網路而言，就是與重要節點連結的數值。

察，與漢興以後人物篇章相接。而就月表的時間跨度而言，遠不及另外〈三代世表〉、〈六國年表〉、〈十二諸侯年表〉，那麼，這正反應了司馬遷著力描寫秦楚之際的歷史事件，透過秦朝政權的崩壞，與漢朝政權的興起，細緻梳理漢朝「王跡所興」的過程，與《史記》「過秦」以資鑑漢朝的裡面相呼應。

　　而在圖 4.3 中，另一個值得注意的是〈孝武本紀〉的分布。其位置按理說應該在圖像右下方，與漢興以後各篇本紀相鄰。但是透過電腦運算的結果，它的位置卻單獨出現在圖像的左下方，與漢興以後諸篇相距甚遠。並且在圖 4.3 中由於節點的顏色是以凝聚力分色，透過電腦凝聚力的匯算，我們可以看到〈孝武本紀〉的節點顏色，反而與〈五帝本紀〉、〈夏本紀〉、〈殷本紀〉、〈周本紀〉相近，這又說明了司馬遷謀篇布局怎樣的概念呢？

　　我們知道，今本《史記》中〈孝武本紀〉已經不可見，現在可以看見的內容，只是擷取〈封禪書〉的部份內容，在段落前加上「孝武皇帝者，孝景中子也。母曰王太后。孝景四年，以皇子為膠東王。孝景七年，栗太子廢為臨江王，以膠東王為太子。孝景十六年崩，太子即位，為孝武皇帝」六十字。換句話說，除了上述六十字，其餘內容都與〈封禪書〉重複。因而在計算〈武帝本紀〉文本時，常會找到傳說象徵的「黃帝」一詞：

　　　後人復有上書，言「古者天子常以春秋解祠，祠**黃帝**用

一梟破鏡……。」[137]

有司皆曰：「聞昔大帝興神鼎一，一者一統，天地萬物所
系終也。**黃帝**作寶鼎三，象天地人也……。」[138]

齊人公孫卿曰：「今年得寶鼎，其冬辛巳朔旦冬至，與**黃
帝時**等。」[139]

上引〈武帝本紀〉的文字，同樣也是〈封禪書〉的內容，這些封禪
相關的論述，「黃帝」就成了方士口中各種傳說的代表人物，因而
造成〈武帝本紀〉中常常與「黃帝」串連的結果，因而在電腦運算
凝聚力及節點分布時，〈武帝本紀〉不與西漢其他本紀相鄰，反而
獨立於圖像的左下角。

我們知道，司馬遷的父親司馬談就是因為勸戒漢武帝勿行封禪，
而被「滯留周南」，最後「發憤而卒」。司馬遷對於漢武帝迷信封禪
和神仙方術一事，自然是不以為然的。他在〈封禪書〉的開頭說道：

自古受命帝王，曷嘗不封禪？蓋有無其應而用事者矣，
未有睹符瑞見而不臻乎泰山者也。雖受命而功不至，至梁父
矣而德不洽，洽矣而日有不暇給，是以即事用希。[140]

---

137 〈孝武本紀〉，漢・司馬遷：《史記》（北京：中華書局，1982 年二版），頁 456。
138 〈孝武本紀〉，漢・司馬遷：《史記》（北京：中華書局，1982 年二版），頁 465。
139 〈孝武本紀〉，漢・司馬遷：《史記》（北京：中華書局，1982 年二版），頁 467。
140 〈封禪書〉，漢・司馬遷：《史記》（北京：中華書局，1982 年二版），頁 1355。

司馬遷這段話說明了他對於封禪的看法，文中提及古帝王很少封禪，原因大致可以歸納成「雖受命而功不至」、「至梁父矣而德不洽」、「洽矣而日有不暇給」三種。因此，司馬遷心中理想的封禪是崇高而神聖的，是王道與德治的象徵，是體現以德配天的天人關係。在司馬遷看來，漢武帝追求封禪的目的與實際狀況，已脫離封禪原有的王道政治與德治意義，[141]因此司馬遷在〈封禪書〉中，詳述秦始皇追求長生不死，與漢武帝封禪求仙的行為，實是對在國君不問蒼生問鬼神的質疑。

透過圖 4.3《史記》篇章關聯性的圖像，我們可以聚焦在〈三代世表〉、〈六國年表〉、〈十二諸侯年表〉、〈秦楚之際月表〉幾個特徵向量中心性特別大的節點，確知《史記》中主要文脈集中在三代後如何政權轉移到漢朝建立的過程。在三代後，較明顯的節點是〈秦本紀〉和〈秦始皇本紀〉，再來就是楚漢相爭過程中〈項羽本紀〉、〈高祖本紀〉和〈呂太后本紀〉。作為司馬遷當代史的〈孝武本紀〉因為與〈封禪書〉內容重複，反而不與西漢其他本紀相鄰，說明了在今本《史記》篇章中，必須留意司馬遷以史為鑑對其「當代史」態度。

---

[141] 高禎霙：〈封禪與德治—讀《史記·封禪書》〉，《中國文化大學中文學報》40 期（2020 年 8 月），頁 55-72。

第三節　《史記》人物的關係

　　《史記》以人物為本位[142]，在《史記》篇章關係的計算中，人物是串連關係的核心。那麼，《史記》人物間的關係網路是什麼？

　　關於《史記》人物關係和篇章結構，過去最常被討論的是「互見」和「合傳」。互見法最早為蘇洵發現[143]，靳德俊《史記釋例》稱：「一事所係數人，一人有關數事，若為詳載，則繁複不堪，詳此略彼，詳彼略此，則互文相足尚焉。」原本紀傳體由於以人為中心，而有同一事件，分散在相關人物傳記之中，為避免重複，而有此詳彼略的書寫方法。

　　由於《史記》以人繫事，儘管司馬遷用「表」來序列事件，同一事件常有跨章節出現的現象。為了避免敘事重複，司馬遷會將一個人的生平或一件歷史事件的來龍去脈，分散在數篇之中，參錯互見，相互補充。比如楚漢相爭的鴻門宴事件，主要參與者有項羽、劉邦、張良、樊噲等人，因此鴻門宴的事件就會分別出現在〈項羽本紀〉、〈高祖本紀〉、〈留侯世家〉和〈樊酈滕灌列傳〉之中，只是記載詳略有別。從另一個角度來說，也因為事件的串接，人物之間或多或少有一定的關聯性，這也是上一節中繪製關係圖時，節點的權重必須從各篇章分別計算，再加總到表中的主要原因。

---

[142] 梁啟超：《中國歷史研究法》（臺北：商務印書館，2019 年），頁 27。
[143] 張新科、俞樟華：《史記研究史及史記研究家》（北京：華文出版，2005 年），頁 111。

　　而「合傳」是探討《史記》人物與篇章安排另一個研究焦點。前已說明，司馬遷在〈自序〉中對列傳的定義是「扶義俶儻，不令己失時，立功名於天下」[144]，然而，《史記》紀錄上下三千年歷史，但是只有七十篇列傳的篇幅能夠容納留名青史的眾多歷史人物，空間明顯不足。因此，司馬遷採用合併傳記人物於一篇的方法，盡可能擴大紀錄的人數。

　　合傳，亦稱為連傳，為合二人或二人以上，因其性質相近或關係密切而合為一者，敘述或先或後，或交相並敘，或穿插互動，藉對照對稱，而相得益彰。[145]換言之，是將事蹟相似的人物，不分主從合併在同一篇列傳之中，如〈管晏列傳〉、〈廉頗藺相如列傳〉。如果我們用數位人文關鍵詞分布的可視化圖像來檢視《史記》的合傳，就會呈現下圖 4.7 和 4.8 的狀況（請參考雲端彩色圖檔）：

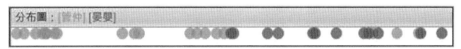

圖 4.7　〈管晏列傳〉關鍵詞分布圖

圖 4.8　〈廉頗藺相如列傳〉關鍵詞分布圖

---

[144] 漢‧司馬遷：《史記》（北京：中華書局，1982 年二版），頁 3319。
[145] 魏聰祺：《太史公「成一家之言」研究》，東吳大學中國文學系博士論文，2001 年，頁 235。

〈管晏列傳〉由於是先述管仲，再敘晏嬰的事蹟，因此以該篇的關鍵詞分布圖就會如圖 4.7，呈現兩段不同的分色。而〈廉頗藺相如列傳〉雖也有藺相如、廉頗二人先後敘述側重的不同，但是二人的生平有因「負荊請罪」而成「刎頸之交」的互動，因此在圖 4.8 的分布圖當中，關鍵詞的出現有許多交疊之處。

　　《史記》的合傳多為二人合傳，計 21 篇。偶而也有合多人為一傳的合傳，三人合傳有〈孫子吳起列傳〉、〈傅靳蒯成列傳〉、〈淮南衡山列傳〉三篇；四人合傳為〈老子韓非列傳〉、〈樊酈滕灌列傳〉兩篇；〈萬石張叔列傳〉、〈仲尼弟子列傳〉則是合五人以上為一傳[146]。應當注意的是，《史記》中還有類傳一項，與前述多人合傳不同。類傳的人物職業或品類必須相同[147]，而合傳則是注重人物間異同比較，如前述〈管晏列傳〉，將春秋時代齊國管仲、晏嬰兩位任期長、政績良的名相臣合併在一傳之中，但同時司馬遷也注意到二

146　二人合傳分別為〈管晏列傳〉、〈樗里子甘茂列傳〉、〈白起王翦列傳〉、〈孟子荀卿列傳〉、〈平原君虞卿列傳〉、〈范雎蔡澤列傳〉、〈廉頗藺相如列傳〉、〈魯仲連鄒陽列傳〉、〈屈原賈生列傳〉、〈張耳陳餘列傳〉、〈魏豹彭越列傳〉、〈韓信盧綰列傳〉、〈酈生陸賈列傳〉、〈劉敬叔孫通列傳〉、〈季布欒布列傳〉、〈袁盎晁錯列傳〉、〈張釋之馮唐列傳〉、〈扁鵲倉公列傳〉、〈魏其武安侯列傳〉、〈衛將軍驃騎列傳〉、〈汲鄭列傳〉。蔡信發：〈史記合傳析論〉，收於《話說史記》（臺北：萬卷樓圖書公司，1995 年），頁 29-31。

147　《史記》的類傳包括〈刺客列傳〉、〈循吏列傳〉、〈儒林列傳〉、〈酷吏列傳〉、〈游俠列傳〉、〈佞幸列傳〉、〈滑稽列傳〉、〈日者列傳〉、〈龜策列傳〉、〈貨殖列傳〉。其中，〈日者列傳〉、〈龜策列傳〉二篇殘缺。蔡信發：〈史記合傳析論〉，收於《話說史記》（臺北：萬卷樓圖書公司，1995 年），頁 29-31。

人儉奢有別[148]。而〈廉頗藺相如列傳〉也是司馬遷將戰國時趙國名將良相二人合為一傳，但如同本書第三章第三節所說，司馬遷是用廉頗烘托藺相如的勇氣，因此將二人置於一傳，仍有其比較異同的作用，與類傳不同。

　　此外還有附傳，當人事眾多，無法全部記錄，修史者不忍闕如，因此附記其名，或略附其事。[149]附傳或附記其子孫，或附記其戚友，或因類而附記，或因事而附記，皆是有一定的傳主，而將與之相關的人物附記在一起，如〈李將軍列傳〉主要紀錄李廣，但把李陵附記在其下，其關鍵詞分布圖如圖 4.9：

分布圖：[李廣] 李陵

圖 4.9　　〈李將軍列傳〉關鍵詞分布圖

我們可以看到圖 4.9 中，李廣的部分佔了五分之四以上的篇幅，直到篇末，才附記李陵事蹟，因此李陵的關鍵詞只集中出現在最後一段。《史記》列傳中其他的類似的附傳，還有〈樂毅列傳〉附記樂叔；〈董仲舒傳〉附記褚大；〈孟子荀卿列傳〉附記公孫龍；〈伍子胥列傳〉附記白公；而〈張丞相列傳〉主敘張蒼，周昌、申屠嘉附記其下等。如以關鍵詞分布圖呈現之，皆會與圖 4.9 類似，有人物

---

[148] 〈太史公自序〉：「晏子儉矣，夷吾則奢，齊桓以霸，景公以治，作《管晏列傳》第二。」漢・司馬遷：《史記》（北京：中華書局，1982 年二版），頁 3313。
[149] 靳德峻：《史記釋例》（上海：商務印書館，1934 年），頁 4。

比重明顯的區別。

　　前一節中，筆者運用「人物」連接《史記》的不同篇章。但在關係網路的圖像中，更多時候節點表現的即是人物本身。在敘事文本中，當人物與人物產生互動時就會連結成線條。前已說明，節點大小與線條粗細為關係強度控制，因此當人物彼此之間互動較緊密時，透過電腦的運算，會加粗關係線，縮短二個節點間的距離，並控制節點的分布位置。那麼，在透過人物了解《史記》篇章關係網路之後，筆者想進一步計算《史記》人物間的互動，以觀察《史記》人物關係網路。

　　筆者運用文本的共現關係來整理《史記》人物互動的數據。共現關係指的是特定詞彙在一定文本範圍中同時出現的頻率，因此計算的前提是基於同一段落中出現的人物彼此有關的基礎上。舉例來說：

> **秦王**謂**軻**曰：「取**舞陽**所持地圖。」**軻**既取圖奏之，**秦王**發圖，圖窮而匕首見。[150]

這段文字出自〈刺客列傳〉，為荊軻刺秦「圖窮匕見」的典故出處。如果我們將共現關係的範圍限縮成段落，那麼，這段話中出現的人物應該彼此相關則秦王、荊軻、秦舞陽就會成為三個節點，形成三條關係線。而關係的權重由互動的頻率決定，以上段引文來說，「秦

---

[150] 〈刺客列傳〉，漢・司馬遷：《史記》（北京：中華書局，1982 年二版），頁 2534。

王謂荊軻」、「軻既取圖奏之」，我們將「荊軻」和「軻」視為同類詞；「之」是秦王的指稱代名詞，等同則「秦王」，那麼這段引文中的人物關係，「秦王—荊軻」的關係權重為2，而「秦王—秦舞陽」、「荊軻—秦舞陽」則各為1。又如：

> 八月己亥，**趙高**欲為亂，恐群臣不聽，乃先設驗，持鹿獻於**二世**，曰：「馬也。」**二世**笑曰：「**丞相**誤邪？謂鹿為馬。」問**左右**，**左右**或默，或言馬以阿順**趙高**。[151]

上述為〈秦始皇本紀〉中「指鹿為馬」的段落，其中出現的人物包括「趙高」、「群臣」、「二世」、「左右」，理應有四個節點。但是因為「群臣」、「左右」的指稱太過籠統，並非專稱，因此可省略不計。因此在這段引文中，主要就是「趙高」和「二世」的互動，以趙高獻鹿、二世笑答各計一次，則本段「趙高—二世」的關係線權重可計算為2。

　　筆者先用已標記完成《史記》為底本，根據《史記》體例，刪除非敘述人物的篇章八書、十表，以及第二章所提到後人續補等段落。接著，根據標記的指引，將異名同實的人物歸納整理成同類詞。然後，再將同名異實、人物代稱的狀況，如「秦王」在不同篇章中所指不同，人工標記區別之。最後，將數據讀入 CORPRO 庫博中文獨立語料庫分析工具，以段落為範圍，計算段落中人物彼此之間

---

[151] 〈秦始皇本紀〉，漢・司馬遷：《史記》（北京：中華書局，1982 年二版），頁273。

的共現關係。筆者將獲得的人物共現關係作為社會關係網路節點
間權重的計算標準，繪製社會關係網路圖。調整控制閥，呈現中心
性、凝聚力等問題。最後透過繪製出的可視性圖像如下圖 4.10：

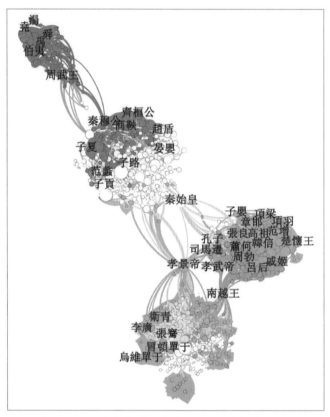

圖 4.10　《史記》人物共現關係網路圖

圖 4.10 是《史記》人物共現關係的網路，筆者將獲得的人物共現
關係作為社會關係網路節點間權重的計算標準，繪製關係網路圖。

為了強調節點間的串接與相鄰性，選用「ForceAtlas2」的力導向布局，並用凝聚力將節點分色處理，最後獲得圖 4.10。每一個節點都是《史記》中的人物，人物彼此間的線條反應了他們出現在同一段落中的現象。

在圖 4.10 中，首先會發現透過這樣的計算方法，在一定程度上還原了歷史敘事的時間線。圖 4.10 從右上到左下，先敘三代，中為春秋戰國，右方則一分為二，正右方是秦楚之際與漢興相關人物，而右下方則是漢朝開邊外交有關人物，共分為兩群。就連接次第而言，基本上等同於時間的脈絡，成為整部《史記》人物共現關係圖的中心軸線。值得注意的是，在這條關係線中，儘管節點大小各有不同，但是卻彼此串接連結。可知司馬遷儘管以本紀、世家、列傳分述人物，但實際上並不存在獨立的單篇，而是一個彼此串連的整體敘事。

再來關於凝聚力分色，也是圖 4.10 中有趣的示現。我們可以看見在圖像左上方三代以前的人物，包括堯、舜、禹、湯、周武王等，皆為藍綠色的節點，這說明這些節點共現較頻繁。同樣的道理，圖像正中為春秋戰國時的人物，雖然彼此交錯，但大抵還可細分為綠色、橘色的春秋人物，以及粉色的戰國人物群體。戰國紛亂的時代由秦始皇統一，因此秦始皇的節點在粉色節點群的最右邊，並與其後的楚漢相爭與漢朝以人物相接。圖像右方是秦楚之際與漢初人物的子群，透過凝聚力的分色，可以清楚看見以綠、藍分成楚、

漢兩大陣營。而圖像正下方則是包括了開邊的武將，和邦交相關人物。則透過凝聚力分色，除了更清楚歷史發展人物群體外，也證明了人物共現關係計算方法的合理性。

　　而在圖 4.10 中還值得關注的是孔子的節點。在圖 4.10 中，我們可以看見孔子的節點分布是在圖像右下位置，與漢代諸多人物連結，反而與春秋人物距離較遠。其左方是秦始皇統一戰國時代的秦朝；其右方和下方則是秦楚之際、漢興以來的人物子群。換言之，在孔子的左方，是秦朝以前的人物；在孔子右方，則進入了漢朝。就位置上來說，表示孔子和過秦、宣漢的人物關係強烈。但以時序而言，顯然與實際狀況不合。而在孔子節點的正下方有一個極為鄰近的節點，正是主筆者司馬遷本人。則透過圖像，孔子與司馬遷似乎成為互為表裡的兩個節點，值得深入探討。關於司馬遷與孔子關係的相關論述，將下章專章討論。

第四節　結語

　　我們遠讀《史記》載筆方法，觀察司馬遷「其文則史」的行文結構。首先關注《史記》的體例，司馬遷吸收先秦典籍的優點，改良史書編年史、國別史的體例，以人繫事，開創了中國史書的紀傳體。他以「本紀」記錄政權的始終，用「書」寫制度山川沿革，用「表」串連史事人物，以「世家」記載輔弼君主的世襲之家，以「列

傳」描寫應青史留名的其他人物。五種體例具有相配合、相補足的功用，從全書史事記載的關係上，形成一種上下貫串，有無互見，詳略互補的有機聯繫，[152]形成中國史學特殊的敘事模式。

這樣的敘事脈絡，以本紀為主軸。司馬遷用特殊的時間斷限和楚漢間的對比安排，分出十二本紀，闡釋其對於「王跡所興，原始察終，見盛觀衰」的觀察。本紀以政權興衰的時序分篇，書以主題寫制度變化，世家依國別、人物分述其事，而列傳則是以人為單位，或單敘其生平，或合敘以比較異同。為了對齊本紀、書、世家、列傳四種體例的人物、事件，廓清敘事時間，司馬遷以十表整理之。

筆者用篇章和人物的關係網路探討體例的交互關係，以人物為計算標的，重新審視司馬遷的鋪敘時間、組織人物的行文結構和敘事脈絡。筆者觀察十表的人物出現在各篇章的情形，發現〈建元已來王子侯者年表〉因推恩令被封侯的王子們，在《史記》的其他篇幅中被刻意的留白；而在該表中快速敘述他們因事國除的狀況，客觀反應推恩消藩政策的影響。並以「一人有慶，天下賴之」論贊，向天子勸諫宜謹慎施政的目的。再從圖像幾個較大的節點觀察，可以看見司馬遷呼應孔子的道統觀念，以黃帝、堯、舜、禹開端，下接周王朝，與漢代開國遙接。因此觀察表中人物於其他篇章的分布關係圖像，可以更清楚離析司馬遷展現政權轉移觀點的行文脈絡。

---

[152] 阮芝生：〈論史記五體的體系關聯〉，《臺大歷史學報》第 7 期（1980 年 12 月），頁 1-30。

　　筆者再以人物出現頻率，統計篇章與篇章的關係，運用遠讀觀察《史記》十表與其他體例各篇的關係強弱。可以發現〈三代世表〉、〈六國年表〉、〈十二諸侯年表〉、〈秦楚之際月表〉是圖中與重要篇章相接、特徵向量中心性較大的幾篇。對比幾篇紀錄時間的長度，〈秦楚之際月表〉起自公元前 209 年陳涉起兵入秦，終於公元前 202 年盧綰受封燕王，時長僅有七年，與〈三代世表〉到〈十二諸侯年表〉跨越近千年的時間，比例十分懸殊。然而〈秦楚之際月表〉的特徵向量中心性並不亞於〈三代世表〉、〈六國年表〉、〈十二諸侯年表〉，這正以圖像佐證了《史記》雖屬通史，實際卻略古詳今，以古鑑今，聚焦「過秦」和「漢興」，以近代史、當代史的角度，考察「王跡所興，原始察終，見盛觀衰」的政權更迭。

　　而人物彼此之間的關係網路，也是遠讀《史記》時重要觀察焦點。筆者統計文本段落間的人物共同出現的頻率，計算節點凝聚力，遠讀《史記》人物關係，發現可以分為三代以前、春秋戰國、秦楚與漢興之際，以及漢代開邊與外交相關人物四個子群。其連接的次第約略等同時序，形成人物關係的軸線。人物之間彼此串接，並未有獨立的節點，由是可知《史記》人物隨然會依照五體分別敘事，實際卻互相關聯。換言之，司馬遷並不是在講一人一事的傳奇，而是一個通變古今的大故事。其中孔子的節點分布極為特殊，與歷史上春秋人物關係較遠，而與過秦、宣漢相關人物較近，並與司馬遷本人的節點相鄰，是太史公「其文則史」的「非典型」安排，將容後以專章討論之。

第五章

詞語趨勢：
《史記》的隱含作者

第五章　詞語趨勢：《史記》的隱含作者

詞語趨勢是以定量分析來觀察詞彙被運用的狀況，從頻率趨勢中分析其變化及所代表的意義。

　　在上一章中，我們知道孔子和司馬遷在《史記》人物關係圖中實是互為表裡的存在。司馬遷私淑孔子，有跡可循。〈太史公自序〉云：「先人有言：『自周公卒五百歲而有孔子。孔子卒後至於今五百歲，有能紹明世，正易傳，繼春秋，本詩書禮樂之際？』意在斯乎！意在斯乎！小子何敢讓焉。」[153]說明司馬遷纂述《史記》，有紹繼《春秋》之志。除人物共現關係圖外，第三章運用數位人文方法計算《史記》及其引書，發現非史書的《論語》為引書排行第三多的文獻；而對比《史記》及其引用文獻，也發現孔子的詞語顯著性很高。因此，本章將按圖索驥，進一步深入討論《史記》中「孔子」和司馬遷的關係。

第一節　司馬遷私淑孔子

---

[153] 〈太史公自序〉，漢・司馬遷：《史記》（北京：中華書局，1982 年二版），頁 3296。

　　中國史學傳統受孔子整理《春秋》影響，有所謂「其義則丘竊取之」[154]的特色，強調歷史的褒貶意義由主筆者決定。儘管司馬遷在〈太史公自序〉澄清其編纂理念：「余所謂述故事，整齊其世傳，非所謂作也，而君比之於《春秋》，謬矣」[155]，透過與上大夫壺遂的對話，說明自己只是整理史事，並沒有以臧否歷史為目標，但是他在〈報任安書〉也提到了《史記》「究天人之際，通古今之變，成一家之言」[156]的編纂意圖。並且在《史記》中對孔子推崇備至，因此，閱讀《史記》時應注意司馬遷私淑孔子寄託褒貶的動機。

　　司馬遷修《史記》以「成一家之言」為目標，和孔子作《春秋》的動機極其相似。司馬遷「明白記述孔子作《春秋》，作《春秋》不是為了修史，而是以制『義法』、『當一王之法』；從作《春秋》的背景、動機、目的、方法、特色，可以推論《春秋》一書的性質——《春秋》是孔子明志、傳道、立法之書，似史而實為經」。[157]司馬遷在〈孔子世家〉中談到孔子作《春秋》之事：

　　　　因史記作《春秋》，上至隱公，下訖哀公十四年，十二公。

---

[154] 戰國·孟軻著，清·焦循疏，沈文倬點校：《孟子正義》（北京：中華書局，1972 年），卷 16，〈離婁下〉，頁 574。

[155] 漢·司馬遷：《史記》（北京：中華書局，1982 年二版），頁 3299-3300。

[156] 司馬遷〈報仁少卿書〉，收入梁·蕭統：《文選》（臺北：藝文印書館，1991 十二版），頁 592。

[157] 阮芝生〈論史記中的孔子與春秋〉，《臺大歷史學報》23 期（1999 年 6 月），頁 1–59。

　　據魯，親周，故殷，運之三代。[158]

這段話有兩個重點，首先是「作」《春秋》的「作」字，司馬遷不用「修」，也不用「編」，而用「作」字，強調孔子修魯史成為聖人《春秋》時的積極主動性。再來是時間的範圍，司馬遷注意到孔子除了記魯隱到魯哀等十二公的具體編年時間，還有「親周」、「故殷」、「運之三代」的上溯意義，換言之，也有記述往事的特徵。因此在司馬遷眼中的孔子作《春秋》，是其主動利用史事敘事闡發微言大義的過程。

　　司馬遷撰述《史記》的動機在「究天人之際，通古今之變，成一家之言」，「究天人之際」是源於史官世家的背景，上古史官除了載筆紀錄君王言行，還掌管曆卜星象。所以司馬遷在「通古今之變，成一家之言」之時，還不忘加上了「究天人之際」的觀察。而從古今變化的推演來闡述歷史哲學，是司馬遷學習《春秋》精神的實踐，因此，其筆下的《史記》性質，實際兼具有史書和歷史哲學書兩種特徵。

　　既然《史記》蘊含司馬遷歷史哲學的展現，和前述孔子整理《春秋》的「其義丘竊取之」的概念相通。那麼，在司馬遷的筆下，是如何形容孔子的呢？翻檢《史記》，我們可以發現司馬遷除了記錄孔子作《春秋》外，對孔子極為推崇。在〈孔子世家〉裡，司馬遷

---

[158] 漢・司馬遷：《史記》（北京：中華書局，1982年二版），頁1943。

說以「余讀孔氏書，想見其為人」[159]直接向孔子表白，展現他對於孔子的敬仰。而除了情感崇拜，還有處事的實踐。在〈伯夷列傳〉之中，司馬遷指出遇見歷史文獻記載相悖之處時，必須「考信於六藝」[160]，說明需以孔子修訂的六經作為依歸。因此由上面這些文字觀察，司馬遷對於孔子的推崇是包括精神和行為的全面學習。

　　孔子對司馬遷而言，是一個特殊的存在。那麼，孔子在《史記》中存在是怎樣的面貌呢？阮芝生曾經借助電腦檢索，以「孔子」、「孔丘」、「仲尼」、「子曰」、「孔氏」、「夫子」、「聖人」七個詞彙，經過人工篩選確認，獲得五十二篇 129 條提及孔子[161]，已觀察到《史記》中的「孔子」出現頻率異常。並進一步考察這 129 條分散在五體五十二篇，本紀七篇、表二篇、書五篇、世家十七篇、列傳二十一篇之中，分布面積極廣。並再以文本細讀的方式，歸納分類，將司馬遷引述孔子分為記述史事、徵信折衷、他人稱引三類[162]，已整理出孔子在《史記》中出現的大致輪廓。

---

[159] 〈孔子世家〉，漢‧司馬遷：《史記》（北京：中華書局，1982 年二版），頁 1947。

[160] 〈伯夷列傳〉，漢‧司馬遷：《史記》（北京：中華書局，1982 年二版），頁 2121。

[161] 阮芝生將〈孔子世家〉二百多條和〈仲尼弟子列傳〉一百多條兩篇只各算一條，實際總數應超過五百條。

[162] 本紀七篇（五帝、夏、殷、周、秦、秦始皇、孝文）、表二篇（三代、十二諸侯）、書五篇（禮、樂、律、天官、封禪）、世家十七篇（吳、齊、魯、燕、管蔡、陳杞、衛康叔、宋微子、晉、楚、鄭、趙、魏、田敬仲完、孔子、外戚、留侯）、列傳二十一篇（伯夷、管晏、老子韓非、伍子胥、仲尼弟子、樗里子甘茂、孟荀、平原君、范雎蔡澤、魯仲連鄒陽、呂不韋、李斯、萬石張叔、匈奴、儒林、酷吏、滑稽、龜策、游俠、貨殖、太史公自序）。

然而，在上一章中我們運用關係網路製作《史記》文本的人物關係圖，發現孔子位置的特殊性，並與司馬遷十分相近。那麼，如果我們綜合運用數位人文的遠讀方式，是否能將上述大致的輪廓，更加全面的廓清？

筆者以為可以用隱含作者來比況司馬遷私淑孔子的脈絡。隱含作者意指敘事文本的最終形態表現出的人格或者是意識，[163]孔子是司馬遷私淑的對象，其修纂《史記》深受孔子編修《春秋》的影響與啟發。那麼，《史記》作為中國敘事傳統的經典，我們是否能將「孔子」這位司馬遷理想修史者的人格代表，視為《史記》字裡行間中的隱含作者呢？

因此，筆者將透過包括關鍵詞分布圖、詞語趨勢圖、段落相似度等幾種數位人文工具的綜合使用，遠讀《史記》，鳥瞰孔子在《史記》中的面貌。試圖透過數位人文工具，勾勒出隱含作者在敘事文本中的存在，幫助理解孔子在《史記》文本的形象與作用，廓清司馬遷私淑孔子的具體樣貌。

第二節　孔子在《史記》中出現的頻率

想要遠讀孔子在《史記》中出現的情形，首先必須避免陷入計

163　Dan Shen, "What is the Implied Author?" *Journal of Style*, Vol. 45, No. 1(2011),pp80-98.

量的誤區。詞頻分析是文獻計量學中傳統的和具有代表性的一種
內容分析方法，主要統計文本中重要詞彙出現的次數，通過詞彙出
現頻次變化，來確定文本焦點，進行各項分析闡釋。而文字雲則是
詞頻分析結果的視覺化展演結果，它將詞彙的頻率換算成大小與
位置製成不規則的雲圖。如果詞彙頻次較高，就會以較大的比例出
現在圖像中間，相反地，當詞彙頻次較低，則會以較小的比例出現
在圖像的邊緣。CTEXT 是一個整合數位人文分析工具的線上古籍
文獻檢索系統，對於經典古籍，也提供了文字雲的圖像，[164]《史記》
也不例外，其文字雲圖像如下：

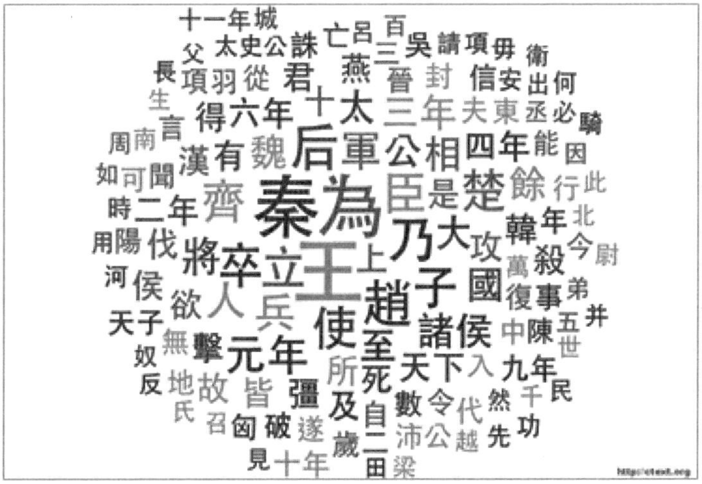

圖 5.1　《史記》文字雲圖

---

[164] Sturgeon, Donald (ed.). 2011. 中國哲學書電子化計劃，擷取於 112 年 7 月 24 日。
http://ctext.org/media.pl?if=gb&id=55

圖 5.1 是 CTEXT 網站的文字雲圖像，在圖像的中間是高頻詞，包括「秦」、「王」等字，反應了《史記》述史的文本焦點。前已說明，對司馬遷所處的漢朝來說，「過秦」是司馬遷歸納殷鑑不遠的前朝，是《史記》資鑑的重要對象。司馬遷強調「原始察終」，考察秦國、秦朝的王跡所興，關注其逐步強大到統一天下的過程；他還關心秦國在消滅六過，建立秦朝後，如何迅速丟失政權的原因，試圖「見盛觀衰」，從中歸納出歷史教訓，資鑑後來政權的經營。因為司馬遷在《史記》中花費較多筆墨處理秦國、秦朝相關問題，所以電腦在辨識文字統計詞頻時，就會統計出較多的「秦」、「王」等相關詞彙。應當注意的是，在圖 5.1 的文字雲是以《史記》全文進行計量統計，因此儘管司馬遷筆下充滿許多精彩的人物描述，但在上下數千年歷史長河中，紀錄個別人物的文字篇幅就如人物短暫的生命一樣，只是驚鴻一瞥，所以在詞頻統計時數值就較小，轉換成文字雲圖時，人名出現比例就極少，當然，也看不見孔子的存在。因此，如果我們要鎖定孔子在《史記》文本中隱含作者的存在，就必須調整遠讀的焦距。

筆者首先採用「關鍵詞分布」的遠讀焦距。前已說明，關鍵詞分布是鎖定研究目標，標示研究對象於文本中出現位置的方式，最終以線型色點分布圖的方式呈現。運用標記過後的文本，依照正確的斷詞，並進行同類詞合併、指代消歧等數據清洗，我們可以獲得用圖 5.2 的「孔子」詞彙分布圖：

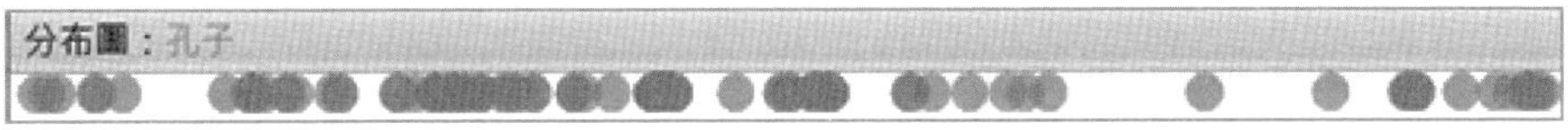

圖 5.2　《史記》中「孔子」詞彙分布圖

圖 5.2 已經合併了「孔子」、「仲尼」、「孔丘」等異名同實的詞彙。詞彙分布的狀況是根據行文的順序標示，換句話說，圖像由左至右表現了《史記》本紀、表、書、世家、列傳的章節。當關鍵詞「孔子」出現一次，就會以淡色的圓圈標示。當行文間密出反覆出現「孔子」，就會出現圓圈相連，並且逐步加深的狀況。過去我們認為《史記》是紀傳體，多以人物為核心。按理說太史公既然在世家中保留特定篇幅以向孔子致敬，那麼孔子應該會集中出現在自己的主傳〈孔子世家〉及其弟子相關〈仲尼弟子列傳〉的位置。但是從上圖5.2 中我們可以明顯看見孔子司馬遷敘事中，從〈五帝本紀〉到〈太史公自序〉130 篇中，「孔子」反覆登場，可說是始終貫穿在《史記》的字裡行間。

　　然而，由於關鍵詞分布，是以圖像的橫軸作為敘事文本的時間序列，因此當我們要運用這種方法來分析孔子出現的位置時，還必須考慮《史記》敘事的時間軸。大體而言，《史記》各種五體中的本紀，除周本紀和秦本紀，以及項羽本紀、高祖本紀有部分時間重疊外，大致還是依照時間先後順序排列，可展現時序。但是其他體例的時間軸線就更複雜：十表在漢興以後，依照人物的身份分章論述；八書根據主題的不同，從古至今重複敘述了八次；而世家也是如此，以各個世家為主體，分別原始察終，時間多次重複；而列傳

雖然大致以人物朝代先後排序，但還有合傳、類傳等狀況，不同時
代的人物也有合併成一傳的情形，如〈孫子吳起列傳〉、〈屈原賈生
列傳〉都是異代合傳，而〈刺客列傳〉、〈滑稽列傳〉的人物也有跨
代收錄的狀況。因此，《史記》的敘事時間線是跳動的，各體之中
多有重複了數次古往今來的敘事時間，導致敘事的時間軸呈現複
雜而跳動的狀態。換句話說，要視覺化《史記》的時間軸，並非從
卷 1 到卷 130 的順序排列，而需要重新打散章節人物所屬時間，
才能觀察時序，進一步分析《史記》中孔子出現的細節。

　　筆者將本紀、世家、列傳的時間線重新對齊，依照時間交叉排
列各篇傳記，重新繪製《史記》中「孔子」的圖像：

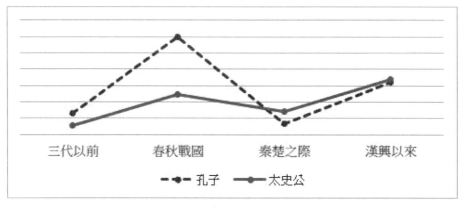

圖 5.3　《史記》「孔子」、「太史公」詞語趨勢圖

和關鍵詞分布圖原理相近，繪圖方式卻不同的還有詞語趨勢圖。詞
語趨勢圖是根據關鍵詞出現的頻次，以折線圖的方式呈現。它的優

點是透過時間、章節的區別，可以看出詞彙頻率所構成的趨勢。圖 5.3 是刪除了〈孔子世家〉、〈仲尼弟子列傳〉的《史記》「孔子」、「太史公」詞語趨勢圖，根據時序安排橫座標，西周以前是包括五帝傳說時期、夏、商、西周時代的內容為「三代以前」；春秋、戰國時期是「春秋戰國」；公元前 221 年秦朝建立到劉邦建立漢朝，包括楚漢相爭的內容以「秦楚之際」標示；「漢興以來」則是惠帝、文帝、景帝、武帝四朝間的人與事。從上圖 5.3 可以看見，「孔子」一詞出現最頻繁由多而少排序依次為：「春秋戰國>漢興以來>三代以前>秦楚之際」。

　　《史記》中春秋戰國時期的敘述是孔子出現最頻繁的篇章，這當然與孔子是春秋時人，以及司馬遷大量參考《左傳》寫春秋歷史有關。然而前已說明，圖 5.3 已經刪除了〈孔子世家〉和〈仲尼弟子列傳〉與孔子生平最多相關的篇章，降低判讀的干擾。然而，孔子仍是春秋戰國時期高頻出現的人物。如果我們檢索文本，可以發現《史記》中常見「孔子卒」或「孔子相魯」的句子，扣除「孔子卒，原憲遂亡在草澤中」[165]和「自孔子卒後，七十子之徒散游諸侯」、「自魯商瞿受易孔子，孔子卒，商瞿傳《易》」[166]等與情節有關的敘述，《史記》常可見到「孔子卒」、「孔子相魯」的敘述，筆者將之整理表列如下：

---

[165] 〈仲尼弟子列傳〉，漢・司馬遷：《史記》（北京：中華書局，1982 年二版），頁 2208。
[166] 〈儒林列傳〉，漢・司馬遷：《史記》（北京：中華書局，1982 年二版），頁 3127。

表 5.1 　《史記》中以孔子定年段落表

#	篇名	原文
1	周本紀	四十一年，楚滅陳。**孔子卒**。
	秦本紀	秦悼公立十四年卒，子厲共公立。**孔子以悼公十二年卒**。
2	吳太伯世家	十五年，**孔子相魯**
3	魯周公世家	十六年，**孔子卒**。
4	燕召公世家	十四年，**孔子卒**。
5	陳杞世家	二十四年，楚惠王復國，以兵北伐，殺陳湣公，遂滅陳而有之。是歲，**孔子卒**。
6	衛康叔世家	二年，**魯孔丘卒**。
7	晉世家	十二年，**孔子相魯**。……三十三年，**孔子卒**。
8	楚世家	十六年，**孔子相魯**。
9	鄭世家	二十二年，楚惠王滅陳。**孔子卒**。
10	魏世家	其後十四歲而**孔子相魯**。
11	老子韓非列傳	自**孔子死**之後百二十九年
12	伍子胥列傳	其後四年，**孔子相魯**

《史記》中孔子出現的頻率，筆者初步統計約有五百多次，扣除本傳與相關人物篇章，約還有二百條左右。其中如上表 5.1 所示，有一部份以時間加上「孔子卒」、「孔子相魯」「魯孔丘卒」、「自孔子死後」的模式呈現，表示司馬遷改編年為紀傳的過程中，常運用「孔子」為相關人物事件定年，孔子在司馬遷心中的重要性，可見一斑。而這類定年的段落，又以世家為多，表示司馬遷在分述春秋諸侯世

家時，《春秋》、《左傳》是很重要的參考文獻，因此綜合運用其他材料時，才會常見以孔子定年的痕跡。

　　司馬遷將孔子作為歷史敘述時間的相對座標，除了上述原因外，應該還有出自於他對於道統的期待：

　　　太史公曰：「先人有言：『自周公卒五百歲而有孔子。孔子卒後至於今五百歲，有能紹明世，正《易傳》，繼《春秋》，本《詩》、《書》、《禮》、《樂》之際？』意在斯乎！意在斯乎！小子何敢讓焉。」[167]

司馬遷繼承史官家族的職志，修纂《史記》，在〈太史公自序〉中提及周公、孔子與自己相距各五百年的時間，表現了他有以繼承周公制禮作樂、孔子整理六經的使命。「自孔子卒後，七十子之徒散游諸侯」[168]、「自孔子卒，京師莫崇庠序，唯建元元狩之閒，文辭粲如也」[169]，司馬遷梳理到孔子過世後以致於漢武帝時五百年間的歷史，經過戰國、秦楚間的戰爭頻仍，以及漢初的諸呂、七國之亂，自然希望能夠重見禮樂教化的文治盛世，而在這樣的動機驅使下，司馬遷整齊世傳百家雜語的過程，就不會只是編年敘事，而還有更強烈的淑世理想。所以用孔子定年，是司馬遷心中重要的時間座標，

---

[167] 〈太史公自序〉，漢・司馬遷：《史記》（北京：中華書局，1982 年二版），頁 3296。

[168] 〈儒林列傳〉，漢・司馬遷：《史記》（北京：中華書局，1982 年二版），頁 3116。

[169] 〈太史公自序〉，漢・司馬遷：《史記》（北京：中華書局，1982 年二版），頁 3318。

才會在行文述史的過程中，反覆提及，標示出這個重要的時間座標。

除了春秋戰國時期，三代以前的歷史，也可常見司馬遷提及「孔子」，多與文獻根據的說明有關：

> 孔子所傳宰予問〈五帝德〉及〈帝繫姓〉，儒者或不傳。余嘗西至空桐，北過涿鹿，東漸於海，南浮江淮矣，至長老皆各往往稱黃帝、堯、舜之處，風教固殊焉，總之不離古文者近是。予觀《春秋》、《國語》，其發明〈五帝德〉、〈帝系姓〉章矣，顧弟弗深考，其所表見皆不虛。書缺有閒矣，其軼乃時時見於他說。非好學深思，心知其意，固難為淺見寡聞道也。余并論次，擇其言尤雅者，故著為本紀書首。[170]

司馬遷紀錄傳說時代，參考《大戴禮記》中〈五帝德〉和〈帝繫姓〉內容，並可與田野調查的結果相印證。《大戴禮記》是孔子學生及戰國時期儒家學者解說《禮經》和「禮學」的文集，由此可知，《史記》的開端始於黃帝，就是在孔子傳宰予問〈五帝德〉及〈帝繫姓〉的紀錄中開啟，而孔子就成了《史記》徵信史料正確與否的標準。又如〈三代世表〉曰：

> 余讀《諜記》，黃帝以來皆有年數。稽其歷譜諜終始五德之傳，古文咸不同，乖異。夫子之弗論次其年月，豈虛哉！

---

[170] 〈五帝本紀〉，漢‧司馬遷：《史記》（北京：中華書局，1982 年二版），頁 46。

於是以五帝系諜、尚書集世紀黃帝以來訖共和為世表。[171]

在古代歷史的時間序列混亂不清的背景下，司馬遷比對不同歷史文獻的記載發現多有出入，而孔子所傳承的內容略推先後，不書年月是信史的態度。所以他作史表時，也依照這樣的標準，以孔子的作法為依歸，編寫〈三代世表〉。司馬遷推崇孔子在文獻整理中的重要性，貫穿在他整理三代的歷史之中，「夫學者載籍極博，猶考信於六藝」[172]、「自天子王侯，中國言六藝者折中於夫子，可謂至聖矣」[173]，透過圖 5.3 的詞語趨勢圖，我們還可以看見西周以前司馬遷常稱用孔子、引述其話語，因此，孔子不僅僅只是他崇拜的對象，更是他編寫歷史、徵信史實的重要憑證。換句話說，司馬遷參考琳瑯滿目的先秦史料，如面對莫衷一是的狀況，他大多透過孔子去紀錄上古史。因此，孔子是他信史標準的尺規。

第三節　孔子在《史記》的明引與暗用

司馬遷用孔子作為三代以前文獻徵引的憑證，用孔子作為春秋戰國時期定年的座標，那麼，為何在漢興以來，孔子仍然頻繁的出現呢？

---

[171] 〈三代世表〉，漢・司馬遷：《史記》（北京：中華書局，1982 年二版），頁 488。
[172] 〈伯夷列傳〉，漢・司馬遷：《史記》（北京：中華書局，1982 年二版），頁 2121。
[173] 〈孔子世家〉，漢・司馬遷：《史記》（北京：中華書局，1982 年二版），頁 1947。

　　如同阮芝生的統計，《史記》中有許多引用孔子之處，多以「孔子」、「孔丘」、「仲尼」、「子曰」、「孔氏」、「夫子」、「聖人」稱之。《史記》常徵引孔子的言論以論斷臧否人物，如〈吳世家〉引孔子「太伯可謂至德矣」贊美太伯讓天下的美德；以及〈晉世家〉記孔子對董狐的良史評價。然而，伴隨著數位人文技術的進步，除了計算行文的「明引」，我們還可以透過相似度對比，進一步挖掘《史記》和《論語》中的「暗用」狀況。比如〈伯夷列傳〉中有「或擇地而蹈之，時然後出言，行不由徑，非公正不發憤，而遇禍災者，不可勝數也」[174]一段，其中「行不由徑，非公正不發憤」句，乃司馬遷化用《論語・雍也》「有澹臺滅明者，行不由徑，非公事，未嘗至於偃之室也」[175]的篇章，就是屬於「暗用」的例子。而更多時候，司馬遷是用《論語》中的言論，作為論贊的代言，如〈管晏列傳〉的論贊「方晏子伏莊公尸哭之，成禮然後去，豈所謂『見義不為無勇』者邪？」[176]的評價，就是化用自《論語・為政》中所謂「非其鬼而祭之，諂也。見義不為，無勇也」[177]。又如〈李將軍列傳〉論贊中有：「傳曰：『其身正，不令而行；其身不正，雖令不從。』」[178]的話語，語出《論語・子路》，因此此處的「傳」，其實這裡的「傳」指的是《論語》，也是借孔子話語作為論贊的例子。

---

[174] 漢・司馬遷：《史記》（北京：中華書局，1982 年二版），頁 2125。

[175] 宋・朱熹：《四書集注》（臺北：漢京文化，1983 年），頁 207。

[176] 〈管晏列傳〉，漢・司馬遷：《史記》（北京：中華書局，1982 年二版），頁 2136。

[177] 《論語・為政》，宋・朱熹：《四書集注》（臺北：漢京文化，1983 年），頁 147。

[178] 漢・司馬遷：《史記》（北京：中華書局，1982 年二版），頁 2878。

　　司馬遷的論贊多以「太史公曰」的方式呈現，內容包括寄託身世感慨、遂行資鑑勸懲、闡明書法義例等。[179]但是有時也會在類型人物篇章的開端呈現出作者的觀點，用以總括全文，如〈滑稽列傳〉和〈佞幸列傳〉：

> 　　孔子曰：「六藝於治一也。《禮》以節人，《樂》以發和，《書》以道事，《詩》以達意，《易》以神化，《春秋》以義。」太史公曰：「天道恢恢，豈不大哉！談言微中，亦可以解紛。」[180]

> 　　諺曰：「力田不如逢年，善仕不如遇合」，固無虛言。非獨女以色媚，而士宦亦有之。[181]

〈滑稽列傳〉先用孔子的言論談六經對於治理社會的作用，接著話鋒一轉，強調在實際立身處世的狀況下，掌握說話技巧，說話委婉而中肯，能解決人世間許多的紛爭。司馬遷的父親司馬談因犯顏直諫漢武帝封禪事件，被滯留京城，最終憂憤而卒；司馬遷因為李陵事件被連坐，也是因為勸諫君王而惹禍上身，因此《史記》中特別紀錄了古往今來擅長辭令解決紛爭的人物，為他們特力〈滑稽列傳〉的類傳，應有司馬遷為了彌補內心缺憾的意圖。在〈滑稽列傳〉的開頭，並非首起「太史公曰」四字，司馬遷將孔子的話置放在自己

---

[179] 張高評：《春秋書法與左傳學史》（臺北：五南出版社，2002 年），頁 57-104。
[180] 〈滑稽列傳〉，漢・司馬遷：《史記》（北京：中華書局，1982 年二版），頁 3197。
[181] 〈佞幸列傳〉，漢・司馬遷：《史記》（北京：中華書局，1982 年二版），頁 3191。

的話前面，實際上有文脈的接續作用，因此孔子的言論，自然也可以視為論贊的一部分。而〈佞幸列傳〉則是諷喻性更高的一篇，司馬遷對於漢朝依靠諂媚得權的臣下，如鄧通、李延年之輩，十分不以為然，在全篇的開端故意引用諺語看似正面肯定他們能順勢而為，但實際卻是藉以點明他們並無真才實學的真相。因此，上述這段〈佞幸列傳〉的開端序言，雖然未冠上「太史公曰」的論贊，實際也屬於太史公觀點的闡發。因此如欲整理司馬遷於《史記》行文中闡述觀點的文字，除了多在篇末的「太史公曰」以外，也必須將這類開端序言納入一併觀察。

筆者整理《史記》中的開端序言及論贊文字，並且按照「三代以前」、「春秋戰國」、「秦漢之際」、「漢興以來」四段重新排序，合併將「孔丘」、「仲尼」、「孔氏」、「夫子」、「聖人」於「孔子」成為同類詞，並用人工篩選刪除錯誤歸類者；再運用段落相似度運算這些文字與《論語》的相似度，整理化用孔子話語的狀況；最後將上述段落相似度化用作為「暗用」，與「明引」孔子話語者，歸類成「子曰」，獲得以下關鍵詞分布圖：

圖 5.4　《史記》論贊「孔子」和「子曰」關鍵詞分布圖

圖 5.4 左起三代，右迄漢武帝朝，已經按照歷史發生先後時序重新大致排序，三代以前以〈三代世表〉紀錄相關篇章為主；春秋戰國

則是以〈十二諸侯年表〉、〈六國年表〉相關篇章為主；秦楚之際則是將〈秦楚之際月表〉相關人物篇章歸入這段時期；漢興以來則是其他剩餘人物篇章，而八書中論贊則置放在秦楚與漢興之間。我們可以看見圖 5.4 中，在漢興以前的論贊中，司馬遷常提及「孔子」；而漢興以後的論贊中，司馬遷常引用「子曰」。這樣的結果十分有趣，表示司馬遷在漢興以後的歷史書寫時，大量以孔子作為自己論贊的背書或代言。比如〈孝文本紀〉贊語：

> 孔子言「必世然後仁。善人之治國百年，亦可以勝殘去殺。誠哉是言！」漢興，至孝文四十有餘載，德至盛也。廩廩鄉改正服封禪矣，謙讓未成於今。嗚呼，豈不仁哉！[182]

上述孔子的言論，出自《論語・子路》，原文為「善人為邦百年，亦可以勝殘去殺矣。誠哉是言也！」與〈孝文本紀〉贊語所引，僅翻譯「為邦」為「之治國」，文義大同小異。漢文帝時因秦楚之際長期的紛亂，行黃老之治，主張與民休養生息。對比司馬遷所在的漢武帝朝，雖然國勢變強，但對外開邊戰爭不斷，對內行封禪均輸平準，實際上的人民生活又陷入另一種的困境。有鑑於此，司馬遷在敘寫〈文帝本紀〉的論贊時，自然會有感而發。然而，如果直白的以古非今，那麼司馬遷就會觸犯政治忌諱，將自己陷入危險之中。因此，司馬遷引孔子「為政不用殺」的仁政理想，並以「德之至」肯定漢文帝的施政。並強調漢文帝奠定如此功業卻不曾行封禪一

---

[182] 〈孝文本紀〉，漢・司馬遷：《史記》（北京：中華書局，1982 年二版），頁 437。

事，即是在藉古喻今，用孔子作為自己代言，提醒漢武帝應修正施政方向。筆者統計《史記》的論贊除了引用孔子外，還用了《詩》、《書》、《禮》、《黃帝內經》、《韓非子》、《老子》、《莊子》和西漢當時諺語等，除了諺語引用約 10 條外，其餘各書引用皆在三條以下，與孔子近五十次的出場率比例懸殊，換言之，儘管司馬遷也會引用其他書籍與諺語加強論述，但孔子仍是他最優先引用的對象。《傳》曰：「三年不為禮，禮必廢；三年不為樂，樂必壞。」每世之隆，則封禪答焉，及衰而息。[183] 上面「三年不為禮」云云，語出《論語·陽貨》，是宰我和孔子的問答，因此上文引用之《傳》，實際應為《論語》。孔子強調施行仁政和禮樂教化，是司馬遷理想的典範。司馬遷將封禪比附於禮樂，實際在諷諭君王捨本逐末，盲目追求禮樂的形式。由此可知，在漢興以後的歷史敘事中，司馬遷有引孔子為自己代言的論贊模式。

孔子是司馬遷寫作《史記》時特殊的存在，尤其是在編寫西漢的近代史、當代史之時。《孟子·離婁》說：「孔子修《春秋》，其事則齊桓、晉文，其文則史，孔子曰：『其義則丘竊取之矣。』」[184] 說明的就是孔子透過修《春秋》，用史官筆法述史，進而寄寓褒貶說自己的歷史哲學。這樣的方式，《禮記·經解》進一步闡發為：

---

183 〈封禪書〉，漢·司馬遷：《史記》（北京：中華書局，1982 年二版），頁 1355。

184 戰國·孟軻著，清·焦循疏，沈文倬點校：《孟子正義》（北京：中華書局，1972年），卷 16，〈離婁下〉，頁 574。

「屬辭比事，《春秋》教也。」[185]即解釋孔子為了避免觸犯政治忌諱，往往透過排比史事讓歷史事實被彰顯出來，而能透過紀錄歷史，陟罰臧否。《史記》是司馬遷私淑孔子、竊比《春秋》的著作，儘管是史載筆應以存真為要，但當司馬遷遇到紀錄近代史、當代史時，除了藉孔子話語以代言外，更要效法《春秋》屬辭比事的精神，透過事件的對比，寄託個人歷史哲學。如前述〈佞幸列傳〉和〈滑稽列傳〉可以視為一組對比，當一個人擁有好口才並獲得好機遇，應該要好好利用機會為君國排憂解紛，而非只是一味獻媚的謀一己之私。而〈項羽本紀〉、〈高祖本紀〉也是一組明顯的對比，透過項羽、劉邦二人入關中、知人善任的反差，說明司馬遷對於為政者的期待。由是可知，司馬遷利將「屬辭比事」的精神，貫串在整部《史記》之中，有不同篇章間的對比，也有同一篇章中不同人物的對比，如〈管晏列傳〉、〈廉頗藺相如列傳〉皆屬此例。運用對比揭櫫理念，引用孔子代言主張，是司馬遷處理西漢史事的敘事方法。極具代表性的例子是〈循吏列傳〉和〈酷吏列傳〉兩篇類傳的對比。〈酷吏列傳〉首段為：

> 孔子曰：「導之以政，齊之以刑，民免而無恥。導之以德，齊之以禮，有恥且格。」老氏稱：「上德不德，是以有德；下德不失德，是以無德。法令滋章，盜賊多有。」太史公曰：信哉是言也！法令者治之具，而非制治清濁之源也。昔天下

---

185 漢・鄭玄著，唐・孔穎達疏：《禮記著疏》（臺北：藝文印書館，1955 年），卷 50，〈經解〉，總頁 845。

之網嘗密矣，然姦偽萌起，其極也，上下相遁，至於不振。
當是之時，吏治若救火揚沸，非武健嚴酷，惡能勝其任而愉
快乎！言道德者，溺其職矣。故曰「聽訟，吾猶人也，必也
使無訟乎」。「下士聞道大笑之」。非虛言也。漢興，破觚而
為圜，斲雕而為樸，網漏於吞舟之魚，而吏治烝烝，不至於
姦，黎民艾安。由是觀之，在彼不在此。[186]

司馬遷引孔子和老子的言語，辯證吏治的管理方式。太史公用〈循
吏列傳〉和〈酷吏列傳〉兩篇類傳，來對比出他的政治理想。〈循
吏列傳〉紀錄了孫叔敖、子產、公儀休、石奢、李離五位春秋戰國
時期的賢良官吏，他們善施教化，輔佐國君，使得政寬而人和；〈酷
吏列傳〉是酷吏的類傳，集中寫了十個酷吏，包括寧成、周陽由、
趙禹、張湯、義縱、王溫舒、尹齊、楊僕、減宣、杜周等，皆是漢
武帝時代知名的官員。兩相對比之下，凸顯了漢武帝為求中央集權，
窮兵黷武而喜用酷吏的事實。司馬遷用循吏、酷吏為對比，為當代
的敲響警鐘，深恐讀者忽略其比事的寓意，便在〈酷吏列傳〉開篇
引用孔子「導之以政，齊之以刑，民免而無恥。導之以德，齊之以
禮，有恥且格」的話，藉以提醒任用人才治理天下的正道。而以「聽
訟，吾猶人也，必也使無訟乎」[187]強調吏治清明的根本在正本清源，
讓訴訟不再反覆發生，說明行仁政方是治本的概念。而在這段序言

---

186 〈酷吏列傳〉，漢・司馬遷：《史記》（北京：中華書局，1982 年二版），頁 3131。
187 《論語・顏淵篇》，宋・朱熹：《四書集注》（臺北：漢京文化，1983 年），頁 317。

中，我們可以清楚看見司馬遷以秦朝的嚴刑峻法為喻，引孔子、老子的言論為自己的理念張本。

同樣也是司馬遷對近代史、當代史忌諱下的寄託，還有〈外戚世家〉的開端序言：

> 妃匹之愛，君不能得之於臣，父不能得之於子，況卑下乎！……豈非命也哉？孔子罕稱命，蓋難言之也。非通幽明之變，惡能識乎性命哉？[188]

外戚干政，自古有之，但〈外戚世家〉的人物紀錄時間起點，以「秦以前尚略矣，其詳靡得而記焉」[189]一筆帶過，直接從呂后家族開始紀錄，說明司馬遷雖以「外戚」定名，實際是寫漢興以來的當代史。漢朝自劉邦開國以來，就有嚴重外戚干政的問題，如劉邦的夫人呂后就是在劉邦過世之後，漢惠帝即位後實際的掌權者。司馬遷在寫漢惠帝朝的本紀時，不稱「孝惠本紀」，而是以特稱寫作〈呂太后本紀〉，就是在提醒在位者需平衡抑制外戚的勢力，並用「惠帝垂拱，高后女主稱制，政不出房戶，天下晏然」[190]的論贊反諷當時政局，司馬遷修史。呂后駕崩時引發諸呂之亂，而後雖有開啟所謂文景之治，但是伴隨而來的也有薄氏、竇氏、王氏相繼而起，都是以外戚的身分左右政局。而在司馬遷所在的漢武帝朝，外戚的現象尤

---

[188] 〈外戚世家〉，漢・司馬遷：《史記》（北京：中華書局，1982 年二版），頁 1967。
[189] 〈外戚世家〉，漢・司馬遷：《史記》（北京：中華書局，1982 年二版），頁 1969。
[190] 〈呂太后本紀〉，漢・司馬遷：《史記》（北京：中華書局，1982 年二版），頁 412。

為明顯，皇后衛子夫的兄弟衛青官拜大將軍，衛青的外甥霍去病為
驃騎將軍；寵姬李夫人的哥哥李廣利成為貳師將軍；而鉤弋夫人雖
無兄弟，但其入宮與受寵則方士、酷吏密不可分。由此觀之，司馬
遷對於倚靠裙帶關係掌權的外戚是憂心的，然而在記錄這些人物
時又涉及到太多當代朝堂忌諱，在動輒得咎、難以下筆的侷限下，
他用「孔罕言命，蓋難言之也。非通幽明之變，惡能識乎性命哉？」
註解，用孔子為自己發聲，委婉的控訴漢朝這種畸形的政治現象。

綜上可知，《史記》中於西漢史事敘事中的孔子並非偶然出現
的，許多時候他都是司馬遷身為當代史官，不便出面的寄託，是《史
記》中作者的理想史官人格，也是《史記》的隱含作者。〈儒林列
傳〉也是儒生的類傳，全篇亦以「太史公曰」開端：

> 太史公曰：……孔子閔王路廢而邪道興，於是論次《詩》、
> 《書》，修起《禮》、《樂》。……世以混濁莫能用，是以仲尼
> 干七十餘君無所遇，曰：「苟有用我者，期月而已矣」。西狩
> 獲麟，曰：「吾道窮矣」。故因史記作《春秋》，以當王法，
> 其辭微而指博，後世學者多錄焉。[191]

〈儒林列傳〉紀錄西漢儒者的事蹟，反映了漢武帝時期儒學景況。
司馬遷於篇首回顧儒學興衰，簡述孔子生平編修《詩》、《書》、《禮》、
《樂》、《春秋》的背景，強調《春秋》的筆削大義，具有「以當王

---

[191] 〈儒林列傳〉，漢·司馬遷：《史記》（北京：中華書局，1982 年二版），頁 3115。

法」的淑世作用，影響後世深遠。司馬遷於〈儒林列傳〉序言中還提及魯哀公「西狩獲麟」一事，就天人感應的觀點而言，祥瑞麒麟是太平盛世的象徵，孔子所處的春秋時代，五霸迭起，與治世相去甚遠，但魯哀公卻西狩獲麟，讓孔子絕筆《春秋》。而司馬遷私淑孔子修纂《史記》的漢朝，漢武帝竟也巧合地捕獲麒麟，而有「元狩元年冬十月，行幸雍，祠五畤。獲白麟，作〈白麟之歌〉」[192]的紀載。因此，司馬遷仿效孔子《春秋》以獲麟止的記述時間斷線，也將《史記》的時間線截斷至武帝獲麟為止：

　　　於是卒述陶唐以來，至于麟止，自黃帝始。[193]

司馬遷私淑孔子之心，昭然若揭。而孔子在《史記》中的影響，是自始至終的存在；「其義則丘竊取之」[194]的理念，司馬遷徹底貫徹在《史記》的字裡行間。

第四節　結語

　　司馬遷對孔子極為推崇，孔子是《史記》中特殊的存在，杜潤

---

[192] 〈武帝紀〉，漢・班固撰，《漢書》（臺北：鼎文書局，1986 年），頁 174。

[193] 〈太史公自序〉，漢・司馬遷：《史記》（北京：中華書局，1982 年二版），頁 3300。

[194] 戰國・孟軻著，清・焦循疏，沈文倬點校：《孟子正義》（北京：中華書局，1972 年），卷 16，〈離婁下〉，頁 574。

德認為《史記》中〈孔子世家〉的孔子形象和司馬遷本人無法完全剝離。[195]除了〈孔子世家〉、〈仲尼弟子列傳〉的相關傳記外，頻繁出現在《史記》其他章節之中。

司馬遷撰述《史記》以「成一家之言」為目標，深受孔子「其義則丘竊取之」的影響。他在〈自序〉中強調家族先人的期許「自周公卒五百歲而有孔子。孔子卒後至於今五百歲」，將自己的修纂《史記》成為道統的繼承者。其記述時間下限迄漢武帝獲麟為止，也與魯哀公西狩獲麟，孔子絕筆《春秋》有異曲同工之妙。因此，廓清孔子在《史記》中的形象與功能，能更一體兩面觀照出司馬遷的修史旨趣。

筆者綜合運用幾種數位人文工具，觀察孔子於敘事文本時間軸中的著點，以進一步回應此問題。先參考十表，分「三代以前」、「春秋戰國」、「秦楚之際」、「漢興以來」四段，還原本紀、表、書、世家、列傳的篇章時間排序，重新劃定司馬遷述史的時間軸。再透過圖像的輔助，發現孔子於不同時段出現的頻率，依序為「春秋戰國」、「漢興以來」、「三代以前」和「秦楚之際」。

西周以前，司馬遷透過孔子的紀錄演繹上古史。這段時期的相關篇章，我們常可見孔子對傳說文獻紛亂的狀況，多以孔子的紀錄為依歸，因此在這一段敘事時期中，孔子被司馬遷賦予文獻徵信的

---

[195] 杜潤德著，丁波、丁慧添譯：《朦朧的鏡子：司馬遷筆下的矛盾與衝突》（北京：商務印書館，2023 年），頁 55-80。

功能。

　　春秋戰國時期，是孔子及其弟子生存的年代，司馬遷特別用〈孔子世家〉、〈仲尼弟子列傳〉兩篇，分敘孔子及其弟子群像。然而除了上述兩篇外，我們常可在該時期的相關篇章，尤其是世家之中，看見「孔子卒」、「孔子相魯」等文字記錄，可見司馬遷在分述春秋諸侯世家時，《春秋》、《左傳》是重要的參考文獻，以孔子定年，則《史記》春秋戰國時期的孔子，又被司馬遷新賦予了時間座標的作用。

　　而西漢時期孔子的頻繁出現，可將之視為太史公寄託的指標，讀者必須更留意司馬遷在字裡行間私淑孔子，欲以《史記》「成一家之言」的歷史哲學。筆者於上一章使用人物共現關係繪製《史記》人物關係圖，發現孔子於關係圖中接近漢朝人物的特殊位置，並與司馬遷接近相鄰，互為表裡。這一章再借助數位人文工具，以《史記》中的論贊為主要分析文本，由詞語趨勢圖可以看見孔子在各個時段歷史中高頻率的出現；然後再精算司馬遷論贊明引與暗用孔子的情形，用關鍵詞分布圖觀察到孔子在西漢史中較常以「子曰」的方式出現，並高出司馬遷引用他人之說頻率高出甚多。可知司馬遷寫近代史、當代史，有借孔子作為自己的代言人的模式。

　　《史記》是記錄歷史事實的史書，同時也是司馬遷私淑孔子的歷史哲學書。司馬遷學習孔子修《春秋》，透過歷史的敘事演繹，寄託他的淑世理想。「屬辭比事，《春秋》教也」，在面對政治忌諱

時，司馬遷效法孔子，利用事件人物的排列對比，讓其義自見。同時，司馬遷還讓孔子在字裡行間反覆的出現，以孔子徵信、用孔子定年、引孔子代言，那麼，司馬遷表現在《史記》中的人格與意識，都與孔子重疊。換言之，孔子可視為司馬遷在撰作《史記》時的隱含作者，是司馬遷理想人格的展現。

第六章

關鍵分布：
《史記》的繼承者

第六章　關鍵分布：《史記》的繼承者

關鍵詞分布顯示詞語在文本展演的空間策略，可就其分布
狀況歸納出敘事特徵。

　　《史記》成書之後，後世文學、史學的發展接受其露溉。就史
學而言，開創了紀傳體，下啟廿五史的正史傳統；而就文學來說，
散文、詩歌、小說、戲曲各種文類依照特性，各自吸收其《史記》
的特色，成為文學創作的典範。魯迅曾以「史家之絕唱，無韻之《離
騷》」[196]讚美《史記》，說明《史記》不論在史學還是文學，都是上
乘的作品，影響後世史家文人甚鉅。《史記》體大思精，又為歷代
文人關注，已形成包括史學、文學、思想、文獻等多元面向的專學。
本章將以數位人文為探針，關注《史記》的繼承者，從史家、文家、
評點家三個群體，討論《史記》如何啟後的發展脈絡。

第一節　從一家到史家

　　《史記》參考先秦典籍的寫作方式，從《春秋》、〈周譜〉、《尚
書》、《世本》轉化出本紀、表、書、世家、列傳五體，並仿效《左

---

[196] 魯迅：《漢文學史綱》（臺北：風雲時代出版社，1990 年），頁 158。

傳》「君子曰」的模式撰寫「太史公曰」，表達自己對於人物史事的觀點，補充說明材料蒐集的過程。五種體例互相關聯，彼此補充說明，透過「究天人之際」和「通古今之變」，以「成一家之言」，發揮司馬遷心中的淑世理想。

　　《史記》成書之後，以寫本方式流傳。所謂「藏於名山，副在京師」，意即司馬遷將《史記》藏於國家書府之中[197]。漢宣帝時，外孫楊惲「始讀外祖《太史公記》，頗為《春秋》」[198]，因此公布《史記》[199]，逐漸為人所知。包括司馬遷外孫楊惲、褚少孫、劉向、劉歆、馮商、衛衡、陽城衡、揚雄、史岑、史孝山、晉馮、段肅、金丹、馮衍、梁審、肆仁、韋融、蕭奮、劉恂等，陸續有增補續史的資料產生。[201]而班彪、班固、班昭、馬續等人續寫《漢書》，是常被與《史記》進行比較的正史繼承者。班彪（3－54）是西漢末年東漢初年的文人，出身京師的儒學世家，留心史籍。因目睹西漢過渡到東漢的歷史變化，因此在東漢光武帝中興漢室之後，著述《史記後傳》六十五篇。班彪之後，其子班固（32－92）繼承父志，以

---

[197] 關於藏本、傳本歷來學者多有爭議，詳見呂世浩〈從《史記》到《漢書》的轉折過程（上）〉一章。呂世浩：《從《史記》到《漢書》—轉折過程與歷史意義》（臺北：臺大出版中心，2009 年），頁 96-99。

[198] 漢‧班固撰：《漢書》（臺北：鼎文書局，1986 年），頁 2889。

[199] 《漢書‧司馬遷傳》遷既死後，其書稍出。宣帝時，遷外孫平通侯楊惲祖述其書，遂宣布焉。漢‧班固：《漢書》（臺北：鼎文書局，1986 年），頁 2737。

[200] 《漢書‧司馬遷傳》漢‧班固撰：《漢書》（臺北：鼎文書局，1986 年），頁 2724。

[201] 呂世浩：《從《史記》到《漢書》—轉折過程與歷史意義》（臺北：臺大出版中心，2009 年），頁 151-189。

「以彪所續前史未詳，乃潛精研究，欲就其業」，在班彪的舊稿基礎上，欲續成其書：

> 　　既而有人上書顯宗，告固私改作國史者，有詔下郡，收固系京兆獄，盡取其家書。先是扶風人蘇朗偽言圖讖事，下獄死。固弟超恐固為郡所核考，不能自明，乃馳詣闕上書，得召見，具言固所著述意，而郡亦上其書。顯宗甚奇之，召詣校書部，除蘭台令史。[202]

班固曾被人以私修國史告發入獄，因其弟班超上書搭救，明帝閱讀班固初稿，獲明帝賞識，不僅無罪開釋，更受封蘭台令史，掌管國家檔案圖書，奉敕詔完成其書。漢和帝永元四年，班固因黨爭被牽連入獄，尋病終。當時《漢書》大抵已具規模，仍有八〈表〉、〈天文志〉未竟。和帝先後詔其妹班昭、其門人馬續入宮續修史書，終於告成。就《後漢書》的紀錄可知，《漢書》一開始是班氏父子私史的性質，後在班固成為蘭台令史，後詔班昭、馬續續修補史後，才開始有了官修史書的色彩。

　　《漢書》上起高祖，下記新莽，記錄西漢一朝史事，開創斷代史的寫作。其體例改「本紀」為「紀」，刪去「世家」，改「書」為「志」，改「列傳」為「傳」，包括紀十二篇，表八篇，志十篇，傳七十篇，共計一百篇的規模。後來史家修纂前朝歷史，基本都是沿用《漢書》

---

202 劉宋·范曄撰：〈班固傳〉，《後漢書》（臺北：鼎文書局，1981 年），頁 1333-1334。

的體例，以紀、表、志、傳的形式，略為調整，皆以斷代為時間範圍。由於《漢書》是以西漢一朝史事為主，《史記》高祖到孝武述史時間之重疊，因此在寫西漢前期歷史時，大量採用《史記》的內容文字。換言之，就修史的「其事」而言，《漢書》部分篇章的述史時間部分可與《史記》對齊。筆者整理如表 6.1。

　　表 6.1 以《史》、《漢》並排方式呈現，左欄是《史記》，右欄是《漢書》，二種書篇名前的序號是原書的編目，如「8.高祖本紀」，即是〈高祖本紀第八〉，「55.留侯世家」則是《史記》的第 55 篇〈留侯世家〉。從表 6.1 中我們可以看到《漢書》在「其文」的「體例」方面，也與《史記》有別。首先，《漢書》將「本紀」改為「紀」；其次，《漢書》為了尊君卑臣，取消世家[203]，將「世家」、「列傳」合併成「傳」，如〈外戚世家〉到了《漢書》就成了〈外戚傳〉、〈荊燕世家〉變成〈荊燕吳傳〉；而未在表中的「書」，《漢書》由於本身書名已有「書」，所以改《史記》的「書」為「志」。還有，《史記》中表達史識的「特稱」，如韓信在列傳中仍被稱為「淮陰侯」，而李廣被稱為「李將軍」，這些到了《漢書》大部分都被統一還原成本名，如「淮陰侯」成了〈韓彭英盧吳傳〉中的「韓」，而「李將軍」變成了〈李廣蘇建傳〉中直接以「李廣」稱之，這除了是班固的史觀展現外，也反應了《漢書》對於體例走向規範化的史學專

---

[203] 呂世浩：《從《史記》到《漢書》—轉折過程與歷史意義》（臺北：臺大出版中心，2009 年），頁 293-306。

表 6.1　《史記》《漢書》篇章對應表

#	史記	漢書	#	史記	漢書
1	8.高祖本紀	1.高帝紀	26	96 張丞相列傳	42 張周趙任申屠傳
2	9.呂太后本紀	2.惠帝紀	27	97 酈生陸賈列傳	43 酈陸朱劉叔孫傳
		3.高后紀	28	98 傅靳蒯成列傳	41 樊酈滕灌傅靳周傳
3	10.孝文本紀	4.文帝紀	29	99 劉敬叔孫通列傳	43 酈陸朱劉叔孫傳
4	11.孝景本紀	5.景帝紀	30	100 季布欒布列傳	37 季布欒布田叔傳
5	7.項羽本紀	31.陳勝項籍傳	31	101 袁盎晁錯列傳	49 爰盎晁錯傳
6	48.陳涉世家		32	102 張釋之馮唐列傳	50 張馮汲鄭傳
7	49.外戚世家	97.外戚傳	33	103 萬石張叔列傳	46 萬石衛直周張傳
8	50.楚元王世家	36.楚元王傳	34	104 田叔列傳	37 季布欒布田叔傳
9	51.荊燕世家	35.荊燕吳傳	35	106 吳王濞列傳	35 荊燕吳傳
10	52.齊悼惠王世家	38.高五王傳	36	107 魏其武安侯列傳	52 竇田灌韓傳
11	53.蕭相國世家	39.蕭何曹參傳	37	108 韓長孺列傳	
12	54.曹相國世家		38	109 李將軍列傳	54 李廣蘇建傳
13	55.留侯世家	40.張陳王周傳	39	111 衛將軍驃騎列傳	55 衛青霍去病傳
14	56.陳丞相世家		40	112 平津侯主父列傳	58 公孫弘卜式兒寬傳
15	57.絳侯周勃世家		41	117 司馬相如列傳	57 司馬相如傳
16	58 梁孝王世家	47.文三王傳	42	118 淮南衡山列傳	44 淮南衡山濟北王傳
17	59 五宗世家	53 景十三王傳	43	120 汲鄭列傳	50 張馮汲鄭傳
18	84 屈原賈生列傳	48 賈誼傳	44	121 儒林列傳	87 儒林傳
19	89 張耳陳餘列傳	32 張耳陳餘傳			56 董仲舒傳
20	90 魏豹彭越列傳	33 魏豹田儋韓王信傳	45	122 酷吏列傳	59 張湯傳
					90 酷吏傳
21	91 黥布列傳	34 韓彭英盧吳傳			60 杜周傳
22	92 淮陰侯列傳		46	124 游俠列傳	92 游俠傳
23	93 韓信盧綰列傳	33 魏豹田儋韓王信傳	47	125 佞幸列傳	93 佞幸傳
24	94 田儋列傳		48	129 貨殖列傳	91 貨殖傳
25	95 樊酈滕灌列傳	41 樊酈滕灌傅靳周傳	49	130 太史公自序	62 司馬遷傳

業。在上表 6.1 中，更重要的是，部分司馬遷因史識「破體」的人
物，被整飭回原本身分的體例之中。可知司馬遷與班固安排人物的
角度不同，司馬遷注重人物在歷史中發規的意義，如項羽入本紀、
外戚入世家；班固則更重視封建體統，以身分區別人物章節。

　　除了體例之外，如同第二章提到文章風格分析的問題，不同的
作者寫作時會有不同行文用字的習慣，班固使用《史記》材料時，
並非全文照錄，也有部分文字的改易，如：

> 高祖，沛豐邑中陽里人，姓劉氏，**字季。父曰太公**，母
> **曰劉媼。其先劉媼**嘗息大澤之陂，夢與神遇。是時雷電晦冥，
> 太公往視，則見蛟龍於**其**上。已而有**身**，遂產高祖。[204]

> 高祖，沛豐邑中陽里人也，姓劉氏。母媼嘗息大澤之陂，
> 夢與神遇。是時雷電晦冥，**父**太公往視，則見蛟龍於上。已
> 而有**娠**，遂產高祖。[205]

這兩段引文分別出自《史記・高祖本紀》和《漢書・高帝紀》，畫
底線者是文字相異處。初步觀察，班固注重句式間的排偶，將《史
記》中一些參差的句子修整整齊，與《史記》中流暢的口語表達有
所不同。歷來讀《史記》、《漢書》者也關注到二人行文風格的差別，
而各有擁護者。擁護司馬遷者，如張輔曰：「遷之著述，辭約而事

---

[204] 漢・司馬遷：《史記》（北京：中華書局，1982 年二版），頁 341。
[205] 漢・班固撰：《漢書》（臺北：鼎文書局，1986 年），頁 1。

舉，敘三千年事唯五十萬言；班固敘二百年事乃八十萬言，煩省不同，不如遷一也。」[206]朱熹亦云；「班固作《漢書》，不合要添改《史記》、字，行文有不識當時意思處，如七國之反，《史記》、所載甚疏略，卻都是漢道理，班固所載雖詳，便卻不見此意思。」[207]大抵認為司馬遷剪裁較班固得當，辭雖散行，卻大事畢舉。而支持班固者，如劉知幾曰：「班氏《漢書》、全取《史記》，仍去其〈日者〉、〈倉公〉等傳，以為其事煩蕪，不足編次故也。若使馬遷易地而處，撰成《漢書》，將恐多費言詞，有逾班氏，安得以此而定其優劣邪！」[208]王若虛亦云：「遷記事疏略而剩語甚多，固記事詳備兒刪削精當，然則遷似簡而實繁，固似繁而實簡也。」[209]則認為班固文辭雅練，記載詳盡。

從魏晉南北朝開始，就有班馬異同優劣的討論，傅玄、張輔、劉知幾、司馬貞、張守節、劉肅、蘇洵、鄭樵、朱熹、葉適、魏了翁、胡應麟等人都有所評論。為了方便比較，更有文人整理《史記》、《漢書》文字異同狀況。如書影圖 6.1 是舊題為倪思的《班馬異同》，將《史記》原文以大字書寫，《漢書》增加者則小字呈現，《漢書》刪去的文字以墨線標記，凡是《漢書》、移動《史記》、文字的地方，即註明《漢書》、「上連某文，下連某文」。而圖 6.2 是許相

---

[206] 唐・房玄齡等撰：〈張輔傳〉，《晉書》（臺北：鼎文書局，1980 年），頁 1640。
[207] 清・陳夢雷、蔣廷錫：《理學匯編》（上海市：中華書局，1965 年），頁 37。
[208] 唐・劉知幾：《史通》（臺北：臺灣商務印書館，1965 年），頁 119。
[209] 程千帆：《史通箋記》（武漢：武漢大學出版社，2008 年），頁 183。

卿《史漢方駕》改良《班馬異同》，以左右排列的方法呈現異文，《史記》相異者以右方小字書寫，《漢書》相異者則以左方小字呈現。近人研究方面，李偉泰曾經針對《史》《漢》論贊進行比較研究，認為《史》、《漢》論贊議論不同，卻又極為引人入勝之處，在於彼此說法往往各具匠心，應從跳開「班馬優劣」的舊思惟，從異曲同工處玩味彼此的精采議論[210]，觀點及研究成果值得參考。

 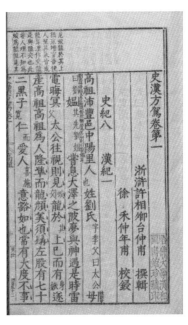

圖 6.1　《班馬異同》書影　　圖 6.2　《史漢方駕》書影

---

[210] 李偉泰〈《史》、《漢》論贊比較十三則〉，《臺大文史哲學報》64 期（2006 年 5 月），頁 41-72。

　　除了「其事」、「其文」，我們還能比較「其義」，筆者用「詞語顯著性」來遠讀比較《史記》、《漢書》二書。首先，以標記完成的《史記》建立標的語料庫，剔除褚少孫續補及讀史者竄入文字，刪除亡佚篇章，選取漢興以後本紀、世家、列傳相關篇章文字內容。其次，同樣以標記完成的《漢書》為底本，取上表 6.1 與《史記》紀、傳對應篇章，作為參照語料庫。再來整理上述兩種文本中人物異名狀況，如項羽和項籍，以及陳涉和陳勝的異名同實情形。接著，以《漢書》紀、傳篇目分類，對應《史記》相關人物篇章文字。最後，用 CORPRO[211]分蝶計算二語料庫中「紀」和「傳」的詞語顯著性，分別表列正負向值。正向值為標的語料庫顯著於參照語料庫者，表示《史記》行文中顯著的詞彙；反之，負向值則是《漢書》較為顯著者。筆者表列如表 6.2。

表 6.2　《史記》《漢書》相應篇章詞語顯著性排序表

紀		傳	
詞	詞語顯著性	詞	詞語顯著性
太后	21.99624888	羹	-49.50426875
詔曰	-20.78998664	王莽	-17.97536621
詔	-6.597134194	酈生	14.55341422
孝惠	3.689016421	仲舒	-11.93156257

表 6.2 中以《漢書》分「紀」、「傳」二類，白底正向值為《史記》，

---

211 關河嘉、陳光華：〈庫博中文獨立語料庫分析工具之開發與應用〉，在項潔編：《數位人文研究與技藝第六輯》（臺北：國立臺灣大學出版中心，2016 年），頁 285-313。

灰底負向值則表現《漢書》的詞語顯著性。在白底正向的《史記》高顯著性詞彙中，「紀」有太后、孝惠；「傳」則有酈生。而在灰底負向的《漢書》高顯著性詞彙中，「紀」有詔曰、詔；「傳」則有莽、王莽和仲舒。我們先看「紀」的部分，太后和孝惠兩個人名是《史記》明顯的正向詞，這當然與〈呂太后本紀〉有關：

> 呂太后者，高祖微時妃也，生孝惠帝、女魯元太后。[212]

> 高皇后呂氏，生惠帝。[213]

《史記》將漢高祖過世後的政權，歸屬給〈呂太后本紀〉，說明其在漢惠帝、前少帝、後少帝時，高祖皇后呂雉以「太后」的身份，實際左右政局的事實。到了《漢書》之中，成為〈高后紀〉，統一稱高祖皇后呂雉為高后，而非太后，強調呂后權力源自於高祖的特徵；並在其前另起〈惠帝紀〉一篇，可知《漢書》強調以惠帝為君的正統觀。因此在計算詞語顯著性時，如果不將呂太后和高后視為異名同實的同類詞時，就會計算出《史記》中「太后」一詞具有高顯著性的特徵。《史記》中稱西漢前期包括惠帝朝的呂太后、景帝朝的竇太后，以及武帝朝的王太后為「太后」，而《漢書》中則稱他們在其夫仍在位時的封號，如呂后為「高后」、竇太后為「竇皇后」、「王太后」則為「王美人」，由是可知《漢書》強調這幾位太后受封的位階，表示太后們的權力是源自於君權所授與。因此，在

---

212 漢・司馬遷：〈呂太后本紀〉，《史記》（北京：中華書局，1982 年二版），頁 395。
213 漢・班固撰：〈高后紀〉，《漢書》（臺北：鼎文書局，1986 年），頁 95。

「遠讀」《史記》和《漢書》的詞語顯著性時，才會看到《史記》中明顯較《漢書》常使用「太后」一詞。

再來還有孝惠，《漢書》中為惠帝另立一篇，還原了他在西漢皇帝系譜中應有的位置。細審其內容的話，不難發現，《漢書》中〈惠帝紀〉文字也是多從〈呂太后本紀〉擷取出來。然而《漢書》中〈惠帝紀〉和〈高后紀〉相加的字數，約只有《史記》中《呂太后本紀》的一半，可知《漢書》儘管拆〈呂太后本紀〉為〈惠帝紀〉、〈高后紀〉兩篇，但實際的篇幅內容，卻有所刪節：

> 乃立兄子呂台、產、祿、台子通四人為王，封諸呂六人為列侯。語在〈外戚傳〉。[214]

《漢書》對於〈呂太后本紀〉的修改，不止割裂惠帝事蹟，另立〈惠帝紀〉，還把惠帝時外戚封王的諸呂，也另外切割出去，移至〈外戚傳〉中。當然，史家在修史時面對龐大的人物資料，有時修剪枝蔓是為了讓敘事主線不至於旁生枝節。但實際上，司馬遷將諸呂的事蹟，置入〈呂太后本紀〉中，除了說明他們左右政權的勢力外，同時，當然也在〈外戚世家〉有互見的文字，以收體例間互補相濟的效果。而《漢書》將諸呂的事蹟全部移入〈外戚傳〉，即弱化了司馬遷原本欲借外戚干政史事以資諫漢武帝當時慎防外戚的心意。

再看「紀」中的負向高顯著詞「詔曰」和「詔」，顯示《漢書》

---

214 〈高后紀〉，漢·班固撰：《漢書》（臺北：鼎文書局，1986 年），頁 95。

修改《史記》本紀時，常引用詔書補充內容。《史記》中也引用了
部分詔書及引文，然而，司馬遷對引文的選擇，受其主觀價值判斷
所主導。如主父偃的推恩令影響西漢政治甚深，但司馬遷只在〈建
元已來王子侯者年表〉中簡單引用「諸侯王或欲推私恩分子弟邑者，
令各條上，朕且臨定其號名」[215]，說明推恩令的頒佈。但在〈平津
侯主父列傳〉，司馬遷卻不提推恩令，只引了主父偃的〈諫伐匈奴
書〉，並將他的傳記列於〈李將軍列傳〉、〈匈奴列傳〉、〈衛將軍驃
騎列傳〉之後，司馬遷反對漢武帝開啟匈奴戰役的想法十分明顯。

　　除了主觀選擇詔令外，司馬遷還常引用一些文人創作，用細節
來製造敘事的臨場感，最著名的比如在〈項羽本紀〉中引用〈垓下
歌〉：「力拔山兮氣蓋世。時不利兮騅不逝。騅不逝兮可奈何！虞兮
虞兮奈若何！」[216]描述項羽英雄末路的心境。再如〈高祖本紀〉寫
漢高祖回故鄉時，吟唱起〈大風歌〉：「風起兮雲飛揚，威加海內兮
歸故鄉，安得猛士兮守四方」的場面，將劉邦衣錦還鄉的得意，以
及求賢若渴的心境表現的一覽無遺。與《史記》相比，《漢書》雖
然也有一部份個人文學創作的說明，但除了東方朔、揚雄等人少數
作家，多數都是如〈武帝紀〉載「獲白麟，作〈白麟之歌〉」[217]、
「四年春，貳師將軍廣利斬大宛王首，獲汗血馬來。作〈西極天馬

---

[215]　漢·司馬遷：《史記》（北京：中華書局，1982 年二版），頁 1071。

[216]　漢·司馬遷：《史記》（北京：中華書局，1982 年二版），頁 333。

[217]　漢·班固撰：《漢書》（臺北：鼎文書局，1986 年），頁 174。

之歌〉」[218]等，僅錄篇名而不引述其內容。而《漢書》在紀中增補《史記》的引述內容，仍更傾向於使用詔令和政府文件等官方記錄，這兩種取向反映了不同的歷史書寫風格，一方面，《史記》主觀挑選以營造敘事魅力，另一方面，《漢書》則以客觀資料為主，提供更全面的歷史記錄，顯示班固有意強調史學文獻的價值。則從《史》、《漢》的引用文獻上，文、史分流的狀況逐漸顯著。

在「傳」的比較部分，「酈生」和「薨」二個詞彙可以一起討論。酈生，指酈食其，在《史記》中多以「酈生」稱之，而在《漢書》之中，則多稱其名，這與上述韓信的稱謂被統一類似，《漢書》有意將《史記》中的「特稱」還原成統一的規範，因此酈生於《漢書》中，就和其他人物如賈誼、韓信、張蒼、張歐、竇嬰、田蚡、李廣、衛青、霍去病、公孫弘等人一樣，不再以賈生、淮陰侯、張丞相、張叔、魏其侯、武安侯、李將軍、衛將軍、驃騎將軍、平津侯等稱之，皆以本名還原。而「薨」是諸侯過世的專用字，後也用以稱封爵者過世。在《史記》中，「薨」多是諸侯王、太后與公主的專用字，如〈秦本紀〉：「宣太后薨」[219]，〈呂太后本紀〉：「魯元公主薨」、「常山王薨」、「淮陽王薨」[220]等。對於封侯的官員過世，司馬遷多用「卒」稱之，比如蕭何、曹參、陳平等。然而，這些漢興以來的名臣侯者，到了《漢書》時，表達其過世的「卒」，皆統

---

[218] 〈武帝紀〉，漢·班固撰：《漢書》（臺北：鼎文書局，1986年），頁202。
[219] 〈秦本紀〉，漢·司馬遷：《史記》（北京：中華書局，1982年二版），頁213。
[220] 漢·司馬遷：《史記》（北京：中華書局，1982年二版），頁400、401、403。

一以「薨」形容之，如〈蕭何曹參傳〉中「孝惠二年，何薨，諡曰文終侯」[221]、「為相國三年，薨，諡曰懿侯」[222]，以及〈張陳王周傳〉以「孝文二年，平薨，諡曰獻侯」[223]載陳平之死。由是可知，《漢書》刻意改動《史記》中人名、專稱的多元稱謂，有意統一用字，反映了《漢書》降低了「成一家之言」的主觀性，而用客觀的描述取代，展現了史家嚴謹的修史態度。

另一組可以一起討論的詞彙就是「王莽」和「仲舒」，是班固在東漢對西漢歷史的凝視。王莽（前 45－23）是漢元帝皇后王政君之姪，司馬遷是漢武帝時人，不認識王莽，在《史記》的當代史紀錄中當然不會有王莽的相關事蹟。然而此次詞語顯著性的計算，《漢書》的篇章與《史記》對齊，換句話說，即便是《漢書》也僅計算了漢武帝之前相關人物的篇章，那麼，漢武帝之後才登場的王莽，為什麼會頻繁地出現呢？「王莽」作為關鍵詞的分布圖如下。

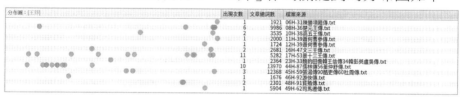

圖 6.3 《漢書》武帝前篇章「王莽」關鍵詞分布圖

在圖 6.3 中我們可以看到，王莽平均分布在傳之中，又以漢代開國

221 〈蕭何曹參傳〉，漢・班固撰：《漢書》（臺北：鼎文書局，1986 年），頁 2012。
222 〈蕭何曹參傳〉，漢・班固撰：《漢書》（臺北：鼎文書局，1986 年），頁 2021。
223 〈張陳王周傳〉，漢・班固撰：《漢書》（臺北：鼎文書局，1986 年），頁 2050。

功臣相關篇章有關，進一步檢索其文，發現班固寫王莽，多用以交代名臣子孫的後續故事：

> 勝雖已死，其所置遣侯王將相竟亡秦。高祖時為勝置守冢于碭，至今血食。王莽敗，乃絕。[224]

> 成帝時，復封何玄孫之子南讀長喜為酇侯。傳子至曾孫，王莽敗乃絕[225]

> 窋嗣侯，高后時至御史大夫。傳國至曾孫襄，武帝時為將軍，擊匈奴，薨。子宗嗣，有罪，完為城旦。至哀帝時，乃封參玄孫之孫本始為平陽侯，二千戶，王莽時薨。[226]

陳勝（？－前208）是抗秦首事之人，漢高祖為了紀念其功，派人為他守墓，世代相傳。因此從香火延續上，也符合世家的概念，故司馬遷以〈陳涉世家〉定名，將之歸入世家的類別。蕭何、曹參是西漢開國功臣，在司馬遷時都是世襲尊爵的世家，因此《史記》將二人分別立為〈蕭相國世家〉、〈曹相國世家〉。《漢書》將二人合併成一篇傳記，並接續說明後來二世家子弟的傳承與下場。「王莽敗，乃絕」、「王莽敗乃絕」、「王莽時薨」可知在西漢時期，三個世家的傳承並未斷絕，一直到王莽篡漢，才和國祚一起衰敗告終。因此，在〈蕭何曹參傳〉中的「王莽」，是《漢書》用來記述後續發展的

224　〈陳勝項籍傳〉，漢・班固撰：《漢書》（臺北：鼎文書局，1986年），頁1795。
225　〈蕭何曹參傳〉，漢・班固撰：《漢書》（臺北：鼎文書局，1986年），頁2013。
226　〈蕭何曹參傳〉，漢・班固撰：《漢書》（臺北：鼎文書局，1986年），頁2021。

時間說明。「王莽」在圖 6.3 的相關篇章中，多是被用來紀錄子孫
發展之用，除上述蕭何、曹參的例子外，還有張湯和杜周的後人：

> 放子純嗣侯，恭儉自修，明習漢家制度故事，有敬侯遺
> 風。王莽時不失爵，建武中歷位至大司空，更封富平之別鄉
> 為武始侯。[227]

> 哀帝崩，王莽秉政，諸前議立廟尊號者皆免，徙合浦。
> 業以前罷黜，故見闊略，憂恐，發病死。[228]

張湯、杜周在《史記》〈酷吏列傳〉中的人物，但到了《漢書》之
中，二人卻被單獨立傳，乃是因為二人的子孫成為西漢後期的重要
人物。班固在〈杜周傳〉贊語云：「張湯、杜周並起文墨小吏，致
位三公，列於酷吏。而俱有良子，德器自過，爵位尊顯，繼世立朝，
相與提衡」[229]，在〈酷吏傳〉中也說「湯、周子孫貴盛，故別傳」
[230]。張湯的兒子張安世，任官盡忠職守，被拔擢為尚書令，遷光祿
大夫，後又因輔政有功，被封為富平侯，是漢武帝至宣帝時三朝重
臣。杜周之子杜延年，於昭帝時平定地方叛亂，又舉發上官桀、桑
弘羊家族與燕王劉旦的謀反事件，封建平侯，為太僕、右曹、給事
中，兩人皆被列入昭帝時麒麟閣十一功臣之中。班固因為張安世、
杜延年的關係，將二人的父親張湯、杜周從〈酷吏列傳〉剪裁而出，

---

[227] 〈張湯傳〉，漢・班固撰：《漢書》（臺北：鼎文書局，1986 年），頁 2657。
[228] 〈杜周傳〉，漢・班固撰：《漢書》（臺北：鼎文書局，1986 年），頁 2682-2683。
[229] 〈杜周傳〉，漢・班固撰：《漢書》（臺北：鼎文書局，1986 年），頁 2683。
[230] 〈酷吏傳〉，漢・班固撰：《漢書》（臺北：鼎文書局，1986 年），頁 3676。

別立二傳，顯示出《漢書》和《史記》的「其義」有別。《史記》著眼於體現漢代吏治嚴苛不合理之處，用以勸見君王當行仁政。而《漢書》則用意於二人輔弼之功，強調為臣者盡忠職守的美德。

　　「董仲舒」也是高詞語顯著性的人物。董仲舒（前 179 − 前 104）是景帝時博士，活躍於漢武帝時代。董仲舒將當時的陰陽五行學說、天命論等各類思想哲學整合，形成了漢代天人關係的研究，並將讖緯學說融入西漢政治體制中。董仲舒在《史記》中為〈儒林列傳〉中的一員，〈儒林列傳〉屬於類傳，是司馬遷觀察孔子死後，儒學和教育體制在漢代復興的過程。司馬遷用三百餘字寫董仲舒，主要概說其學，敘其曾因災異之記被漢武帝下獄，後疾免居家，修學著書以傳公羊氏之學。而《漢書》也有〈儒林傳〉，卻另立一篇〈董仲舒傳〉，用極大的篇幅補充其〈舉賢良對策〉原文，並補充說明朝廷使人徵詢董仲舒國是、「立學校之官，州郡舉茂材孝廉」之功，以及「子及孫皆以學至大官」[231] 幾事。可見在《漢書》回顧西漢史時，董仲舒在〈舉賢良對策〉中提出「天人感應」、「大一統」和「罷黜百家，獨尊儒術」等觀念，深深影響了西漢後期的政治走向，因而《漢書》將董仲舒別立一傳，在強調他的學說影響力。

　　從上述張湯、杜周、董仲舒的例子，我們可以清楚看見，《漢書》的「傳」，「其義」是班固對於歷史發展的觀察。擴而充之，《漢書》的「紀」與「傳」，與《史記》的「本紀」、「世家」、「列傳」

---

[231]　〈董仲舒傳〉，漢・班固撰：《漢書》（臺北：鼎文書局，1986 年），頁 2525。

有著不同的出發點，因此對於相同的歷史人物，會因為主筆者觀察角度的不同，或合或別，而有不同的闡述角度。大體而言，《漢書》在「紀」中凸顯君權，廢除世家列入傳中，刪除別名，統一專稱用字，並讓文學抒情淡出史籍，將司馬遷「扶義俶儻，不令己失時，立功名於天下」定義中表現卓異、特別的「俶儻」變得扁平許多等，雖提高了史學專業，卻弱化了「成一家之言」的寄託。然而，每一部史書都是當代史，如同司馬遷用通史資鑑漢朝，東漢時成書敘寫西漢史的《漢書》，其實也反映了東漢的史觀，所以「其義」並非消失，而是史家「竊取之」被淡化，轉換成了向官修史書靠攏的面貌。從「一家」到「史家」，文史逐漸分流，其事轉換成敘寫前朝斷代，其文走向規範化，其義則變為輔弼君王治世之參考。

第二節　從史家到文家

　　而在《漢書》之後，「成一家之言」的「其義」被官修史書的模式逐漸淡化。那麼，「成一家之言」的元素，又轉變成怎樣的面貌呢？

　　《史記》兼具歷史之真和文學之美，在成書之後，成為古典散文寫作的經典範本。「退之所敬者，司馬遷、揚雄。遷於退之，固

相上下」[232]、「太史公文，韓得其雄」[233]，說明韓愈學習司馬遷，使其文章風格與司馬遷相近。韓愈推崇司馬遷，在唐時推行第一次的古文運動；北宋的歐陽修推動第二次古文運動的歐陽修，也將《史記》視為經典，蘇軾、方苞曾先後評其「記事似司馬遷」[234]、「摹《史記》之格調而曲得其風神」[235]。後來的桐城派的先驅歸有光，以司馬遷為研究目標，後來者則追蹤韓、歐，而曾國藩一派又探索於《史記》。這樣一來，前前後後，司馬遷變成了文學運動的一個中心人物。[236]換句話說，古文運動對《史記》的推崇，使《史記》成了中國古典散文的文統。

在這個古典散文的文統中，史論文的寫作是值得關注的主題。儘管史論文並非歷史敘事，但其透過申論歷史事件抒發觀點，也是以文運事，因史顯義的模式。那麼，司馬遷「成一家之言」的精神，在史論文作者的筆下，如何梳理「其事」，鋪敘「其文」，表達「其義」呢？

既然古典散文寫作效法《史記》與古文運動密不可分，那麼，筆者先以唐宋八家的史論文來討論此問題。唐宋八家之名，始於明

---

[232] 柳宗元：〈答韋珩示韓愈相推以文墨事書〉，《柳河東集》（臺北：世界書局，1963年二版），頁362

[233] 清‧劉熙載：〈文概〉，《劉熙載全集》（南京：江蘇古籍，2002年），頁71。

[234] 元‧脫脫：《宋史》（臺北：藝文印書館，1958），頁4063。

[235] 方苞：〈古文約選序例〉，清‧方苞《方望溪先生全集》（臺北：臺灣商務印書館，1968年），頁73。

[236] 李長之：《司馬遷之人格與風格》，（臺北：開明書局，1995年臺十七版），頁343。

代嘉靖年間茅坤（1512－1601）編纂的《唐宋八大家文鈔》。《唐宋
八大家文鈔》選韓愈、柳宗元、歐陽修、曾鞏、王安石、蘇洵、蘇
軾、蘇轍的作品，共一百六十四卷，古文千餘篇。筆者以其書為範
圍[237]，檢索內容，初步統計與《史記》內容有關的史論文篇目表如
表 6.3。

表 6.3《唐宋八大家文鈔》中《史記》相關史論文統計表

#	作者	篇名	卷	對應篇章	#	作者	篇名	卷	對應篇章
1	王安石	讀孔子世家	90	孔子世家	16	蘇軾	商君論	130	商君列傳
2	王安石	讀孟嘗君傳	90	孟嘗君列傳	17	蘇軾	范增論	130	項羽本紀
3	王安石	讀刺客傳	90	刺客列傳	18	蘇軾	留侯論	130	留侯世家
4	蘇洵	譽妃論	112	殷、周本紀	19	蘇軾	賈誼論	130	屈賈列傳
5	蘇洵	六國	113	六國世家	20	蘇軾	晁錯論	130	袁盎晁錯列傳
6	蘇洵	高帝	113	高祖本紀	21	蘇轍	夏論	150	夏本紀
7	蘇洵	項籍	113	項羽本紀	22	蘇轍	商論	150	殷本紀
8	蘇軾	武王論	128	周本紀	23	蘇轍	周論	150	周本紀
9	蘇軾	平王論	128	周本紀	24	蘇轍	六國論	150	六國世家
10	蘇軾	始皇論一	128	秦始皇本紀	25	蘇轍	秦論一	150	秦本紀
11	蘇軾	始皇論二	128	秦始皇本紀	26	蘇轍	秦論二	150	秦本紀
12	蘇軾	漢高帝論	128	高祖本紀	27	蘇轍	始皇論	150	秦始皇本紀
13	蘇軾	范蠡論	129	貨殖列傳	28	蘇轍	漢高帝論	152	高祖本紀
14	蘇軾	伍子胥論	129	伍子胥列傳	29	蘇轍	漢文帝論	152	孝文本紀
15	蘇軾	樂毅論	130	樂毅列傳	30	蘇轍	漢景帝論	152	孝景本紀

---

[237] 明・茅坤：《唐宋八大家文鈔》（臺北：臺灣商務印書館，1983 年），文淵閣四
　　庫全書本。

《唐宋八大家文鈔》中的史論文數量當然遠遠不只上表 6.3 統計的數量，但是筆者欲以詞語顯著性比較史論文與《史記》篇章，因此《唐宋八大家文鈔》中許多討論歷史人物的篇章，如韓愈〈伯夷頌〉，以及蘇軾〈孔子論〉、〈子思論〉、〈孟軻論〉、〈荀卿論〉等，無法確定作者的論述根據是否源自於《史記》，筆者先行排除，而只保留與《史記》正相關者。並且如《史記·孝武本紀》的文本來源待考，因此史論文中關於漢武帝論的部分也先擱置不論。最後筆者初步統計出約 30 篇，並將其對應篇章羅列於後。在上表 6.3 中我們可以發現，以唐宋八家為範圍，多數的史論文作者集中在北宋六家，尤其是王安石、三蘇父子的創作最為集中。這樣的現象，當然與宋代圖書雕版影響科舉考試內容、造成知識轉型有關：

> 余猶及見老儒先生，自言其少時，欲求《史記》、《漢書》而不可得，幸而得之，皆手自書，日夜誦讀，惟恐不及。近歲市人轉相摹刻諸子百家之書，日傳萬紙，學者之於書，多且易致如此，其文詞學術，當倍蓰於昔人。[238]

宋代印刷圖書出版革新了知識取得方式。在過去，知識的獲取仰賴手抄，如《史記》、《漢書》這樣篇幅巨大的文本，難以取得。然而，隨著宋代印刷技術的發展，這些文獻變得廣泛可得。印刷術的普遍運用，被認為是宋代經典研究的復興，及改變學術和著述風尚的一

---

[238] 蘇軾：〈李氏山房藏書記〉，宋·蘇軾：《蘇軾文集》，（北京：中華書局，1986 年），頁 359。

種原因。[239]如同蘇軾文中所言，當時出版業興盛，諸子百家之書，日傳萬紙，形成天下未有一路不刻書的盛況。而圖書出版的變革，造成知識的流通，也改變了科舉取士的模式。

宋代科舉考試，據《宋史・選舉志》記載分發解式、省試、殿試三種，而考科則分為進士科、九經科、五經科、三禮科、開元禮科、三史科、三傳科、學究科、明經科、明法科、制科、詞科、童子科和武舉科數種，除武舉、明法、詞科等應試加考武藝、律令、應用文外，大體考試內容不出「詩賦」、「經義」及「策論」三大範圍。[240]其中進士科、三史科、明經科、制科都有與史籍相關內容的測試。學子們制科考試前先上二十五篇進論，應試再寫一篇，就有多數考生選用臧否歷史人物和事件作為進論的主題。

宋代印本文化的形成，跟官府與民間皆盡心圖書編纂，致力圖書刊刻有關。[241]《史記》在宋朝曾有多次刊刻的紀錄，最早為北宋太宗淳化五年（994）的《集解》十行本，目前已經亡佚；後仁宗景祐二年（1035），國子監據淳化舊本重刊，成為流傳迄今的「景祐本」。另外還有真宗景德年間（1004—1007）十四行本、仁宗嘉祐六年（1061）再刊十四行本；南宋紹興十年（1140）十二行本；南宋紹興年間（1131—1162）淮南路轉運司刊刻九行本等。單就《史記集解》單刻本就有那麼多次的刊刻紀錄，何況南宋以後，還有《集

---

239 錢存訓：《中國紙和印刷文化史》（桂林：廣西大學出版社，2004年），頁356-358。
240 郭宗南《北宋史論文研究》，國立彰化師範大學博士論文，2014年，頁49-96。
241 張高評：《印刷傳媒與宋詩特色》，（臺北：里仁書局，2008年），頁32-39。

解》、《索隱》二家注合刻本、《史記集解索隱正義》三家注合刻本[242]等各種版本的刊印,則《史記》於當時流通的狀況,可見一斑。

在《史記》流通和科舉考試的背景中,王安石、三蘇父子撰寫了上表中的史論。筆者透過詞語顯著性的計算來觀察史論文「其義」的展現。前已說明,詞語顯著性是以電腦運算比較標的語料庫和參照語料庫,尋找特定範圍語料或文本的特殊詞彙。[243]因此,尋找兩個有化用、衍生或改作關係的文本,計算詞語顯著性,應能使用該方法尋找事義。

筆者以蘇洵〈六國論〉為例,蘇洵〈六國論〉是標的語料庫,參照語料庫選用《史記》相關篇章,包括〈秦本紀〉、〈齊太公世家〉、〈燕召公世家〉、〈韓世家〉、〈趙世家〉、〈魏世家〉、〈楚世家〉,使用 CORPRO 庫博中文獨立語料庫分析工具,將連詞、介詞等虛詞停用,計算其詞語顯著性,獲得以下詞語顯著性的計算結果:

	詞	詞頻(標的)	%(標的)	詞頻(參照)	%(參照)	keyn... ▼
1	賂	10	2.314	2	0.005	33.8015...
2	秦	19	4.398	117	0.326	26.5500...
3	六國	5	1.157	0	0.0	19.2384...
4	五國	3	0.694	0	0.0	11.5430...
5	勢	3	0.694	0	0.0	11.5430...

圖 6.4 蘇洵〈六國論〉詞語顯著性計算結果圖

---

[242] 王鐘翰、安平秋:《二十五史說略》(北京:中華書局,2015 年)。

[243] Mike Scott& Christopher Tribble,"*Textual Patterns: Key Words and Corpus Analysis In Language Education*",(Philadelphia: John Benjamins, 2006).

文眼，是古文寫作的術語，指文中最能揭示主旨的關鍵詞彙，確定文章的中心。從上圖 6.4 中可以看到，蘇洵〈六國論〉詞語顯著性最高的是「賂」字，檢視蘇洵〈六國論〉，即開門見山以「六國破滅，非兵不利，戰不善，弊在賂秦」破題，其電腦計算的顯著詞正好與文本細讀分析的「文眼」一致。同理類推，筆者將表 6.3 的作品各自獨立，一一作為標的與料庫，與之相關的《史記》篇章作為參照語料庫，運用 CORPRO 計算詞語顯著性，獲得表 6.4。

表 6.4　史論文詞語顯著性表

#	作者	篇名	詞/顯著性	#	作者	篇名	詞/顯著性
1	王安石	讀孔子世家	道（6.63）	16	蘇軾	商君論	加賦（8.24）
2	王安石	讀孟嘗君傳	士（16.34）	17	蘇軾	范增論	弒（19.63）
3	王安石	讀刺客傳	策（9.56）	18	蘇軾	留侯論	忍（14.81）
4	蘇洵	譽妃論	生（26.02）	19	蘇軾	賈誼論	才（11.59）
5	蘇洵	六國	賂（33.80）	20	蘇軾	晁錯論	自（11.35）
6	蘇洵	髙帝	制（11.31）	21	蘇轍	夏論	異（23.24）
7	蘇洵	項籍	慮（10.76）	22	蘇轍	商論	強（20.58）
8	蘇軾	武王論	聖人（17.52）	23	蘇轍	周論	文（33.28）
9	蘇軾	平王論	遷（51.63）	24	蘇轍	六國論	韓（23.10）
10	蘇軾	始皇論一	智（13.48）	25	蘇轍	秦論一	天下（46.77）
11	蘇軾	始皇論二	便利（16.31）	26	蘇轍	秦論二	仁義（11.44）
12	蘇軾	漢高帝論	仁義（18.87）	27	蘇轍	始皇論	勢（24.92）
13	蘇軾	范蠡論	退（7.12）	28	蘇轍	漢高帝論	非人（12.83）
14	蘇軾	伍子胥論	諫（13.66）	29	蘇轍	漢文帝論	削（22.97）
15	蘇軾	樂毅論	王（10.11）	30	蘇轍	漢景帝論	殺（7.97）

表 6.4 的詞語顯著性以動詞和名詞居多。而這些詞彙，也多能概括文章的旨趣，與「文眼」的指向趨近一致。如編號第 24 蘇轍的〈六國論〉，蘇轍透過史論，表達對於天下之勢的見解：

> 嘗讀六國〈世家〉，竊怪天下之諸侯，以五倍之地，十倍之眾，發憤西向，以攻山西千里之秦，而不免於滅亡。常為之深思遠慮，以為必有可以自安之計，蓋未嘗不咎其當時之士慮患之疏，而見利之淺，且不知天下之勢也。[244]

蘇轍寫〈六國論〉，是在閱讀完《史記》六國世家的相關篇章後撰寫而成。蘇轍以為，六國土地、人口皆倍於秦國，只要了解天下之勢，應不至於導致滅亡的命運。蘇轍接著說「夫秦之所以與諸侯爭天下者，不在齊、楚、燕、趙也，而在韓、魏之郊」[245]，強調與強敵接壤邊防之重要。就詞語顯著性來說，「韓」的顯著性最高，為 23.10；其次是「魏」，為 18.14；再來是「天下」，為「17.77」。透過顯著詞語的計算，正好可以看見韓、魏身繫天下之勢的戰略意義。陳寅恪認為所有的史論，都是當代史的反應：

> 史論者，治史者皆認為無關史學，而且有害者也。然史論之作者，或有意、或無意，其發為言論之時，即已印入作者及其時代之環境背景，實無異於今日新聞報紙之社論時評。若善

---

244 蘇轍〈六國論〉，明·茅坤：《唐宋八大家文鈔》（臺北：臺灣商務印書館，1983年），文淵閣四庫全書本，頁 786。
245 蘇轍〈六國論〉，明·茅坤：《唐宋八大家文鈔》（臺北：臺灣商務印書館，1983年），文淵閣四庫全書本，頁 786。

　　用之，皆有助於考史，故蘇子瞻之史論，北宋之政論也。[246]

不只蘇軾，蘇洵和蘇轍的〈六國論〉不也是如此？邊境國防一直是北宋朝政極大的問題，對遼國，有納貢求和的澶淵之盟；對西夏，自仁宗朝迄徽宗時，皆陸續有大小各種戰役，其中還一度導致遼國趁著北宋內外交困，而發生重熙增幣的事件。蘇洵、蘇轍父子就是在這樣的歷史背景中，閱讀《史記》，從六國亡秦的史事中，歸納教訓，因此蘇轍強調觀察天下之勢，注重邊防；蘇洵則以「賂」秦之弊，講納貢換取和平之不可行。這樣的觀察很有趣，司馬遷寫六國世家，講的是他們輔弼周天子而封國，以及後來各自世家的發展。而後來消滅六國的秦國，以〈秦本紀〉紀錄，著重在討論政權興起、強盛的經營之道。以司馬遷資鑑的「當代史」而言，歷經七國之亂與推恩削藩，其視角在天子與諸侯國的關係，以及如何執政經營國是的方法。而這段歷史，到了蘇洵、蘇轍父子所處的北宋「當代史」，其可供資鑑的意義就聚焦在邊防外交，從歷史的敘事中再次被「竊取」，一家之言的「其義」就再次被凸顯而出。

　　蘇軾的史論當然也是以文運事，因史顯義的模式。如編號 9 的〈平王論〉顯著詞為「遷」，即聚焦於平王遷都一事：

　　　　太史公曰：「學者皆稱周伐紂，居洛邑，其實不然。武王營之，成王使召公卜居九鼎焉，而周復都豐、鎬。至犬戎敗

---

[246] 陳寅恪：〈馮友蘭「中國哲學史上冊」審查報告〉，《陳寅恪史學論文選集》，（上海：上海古籍出版社，1992 年），頁 578。

幽王，周乃東徙於洛。」蘇子曰：周之失計，未有如東遷之謬者也。自平王至於亡，非有大無道者也。[247]

蘇軾讀《史記‧周本紀》，認為周朝滅亡其實於平王東遷後即以注定命運。一個政權在大軍過後，應該復都重建，而非遷都示弱。從歷史的教訓中，「避寇而遷都，未有不亡；雖不即亡，未有能復振者也」[248]，逃避強敵而遷都，如魏惠王、楚昭王、頃襄王、考烈王等，最終還是會導致滅亡。司馬遷寫〈周本紀〉，於論贊中補充說明其對於周朝遷都時間的考證，並補充說明漢朝封周室後人，以奉其先祭祀，有慎終追遠的意義。然而到了北宋的蘇軾筆下，周平王遷都的歷史就成了其因史顯義的主題。北宋定都汴梁，是戰國時大梁故地，隋唐時因運河成為鎖控南北水路交通要道，五代時先後為後梁、後晉、後漢、後周定都。北宋繼承後周政權，亦將首都定於汴梁。然而汴梁既然為水運交通轉運站，於地理形勢上就無險可守。景德元年（1004）遼軍南下，王欽若、陳堯叟皆主張遷都，寇準力主真宗親征，後訂立「澶淵之盟」，解除兵困危機。五十年後的蘇軾，在閱讀〈周本紀〉時，藉由平王東遷，針砭近當代史，轉移了焦點，其借古喻今的意圖躍然紙上。

　　劉熙載說：「揭全文之旨，或在篇首，或在篇中，或在篇末。」

---

[247] 蘇軾〈平王論〉，明‧茅坤：《唐宋八大家文鈔》（臺北：臺灣商務印書館，1983年），文淵閣四庫全書本，頁 540。

[248] 蘇軾〈平王論〉，明‧茅坤：《唐宋八大家文鈔》（臺北：臺灣商務印書館，1983年），文淵閣四庫全書本，頁 540。

²⁴⁹，如果詞語顯著性在一定程度上能顯現「其義」，並與「文眼」趨向一致，那麼，我們能否用關鍵詞分布的方式，示現出「文眼」的位置呢？關鍵詞分布是透過圖像的方式，展現詞彙在文本中的位置。圖像的左邊是文章的開頭，右邊是結尾。筆者將表 6.4 中詞語顯著性最高的詞彙，一一繪製關鍵詞分布狀況如表 6.5。表 6.5 最右欄，是顯著詞在該篇的出現分布圖，筆者以虛線劃分三欄，以示前、中、後三段的分布狀況。為了方便論述，將分布圖根據分布狀況群聚類分，最左欄的序號則根據表 6.4 標示。

　　我們可以看見分布圖中，顯著詞出現的頻率不盡相同，最少約兩處，最多則十多處，以不間斷的方式呈現。有一些篇章善用開門見山破題的方式，如蘇洵〈項籍〉、蘇軾〈漢高帝論〉、蘇軾〈樂毅論〉、蘇軾〈范增論〉、蘇轍〈夏論〉等。如蘇洵〈項籍〉以「吾嘗論項籍有取天下之才，而無取天下之慮」²⁵⁰破題，直接點出項羽敗亡的原因在「慮」。蘇洵認為項羽不具戰略考慮，只知在鉅鹿與章邯正面對決，卻不知可以先入關中吸引章邯回防，以逸待勞。如此思慮不周，結局必敗也不足為奇。這樣首句直接破題的方式，其後再承講之，就會讓其分布圖的色點，集中在前半的位置。又蘇軾〈漢高帝論〉認為向國君進諫，必須配合國君的人格特質立說，漢高帝雖然打著仁義之名，實際是個不懂仁義，也不喜仁義之人。蘇軾在

249　清・劉熙載：《藝概》（臺北：漢京文化，2004 年），頁 40。

　250　蘇洵〈項籍〉，明・茅坤：《唐宋八大家文鈔》（臺北：臺灣商務印書館，1983 年），文淵閣四庫全書本，頁 367-368。

表 6.5　史論文顯著詞分布表

#	作者	篇名	顯著詞	分布圖
7	蘇洵	項籍	慮	● ●
12	蘇軾	漢高帝論	仁義	● ●● ●
17	蘇軾	范增論	弒	● ●● ● ●
21	蘇轍	夏論	異	●● ● ●● ● ● ●●
29	蘇轍	漢文帝論	削	● ●●● ●
1	王安石	讀孔子世家	道	● ●
26	蘇轍	秦論二	仁義	● ●● ●
20	蘇軾	晁錯論	自	● ● ● ●● ●●
22	蘇轍	商論	強	● ● ● ●
2	王安石	讀孟嘗君傳	士	● ● ●
4	蘇洵	譽妃論	生	●●● ● ●
5	蘇洵	六國	賂	●●● ● ●
8	蘇軾	武王論	聖人	● ● ●● ● ●
15	蘇軾	樂毅論	王	●●● ● ● ●
18	蘇軾	留侯論	忍	● ● ●●● ●
23	蘇轍	周論	文	●● ● ● ●●●● ●
9	蘇軾	平王論	遷	● ● ●● ●● ● ● ●●●●
10	蘇軾	始皇論一	智	● ●● ● ●● ● ●●●●
24	蘇轍	六國論	韓	● ●●● ●● ● ● ●● ●●● ●
25	蘇轍	秦論一	天下	● ● ● ●● ●● ●
27	蘇轍	始皇論	勢	●●●●●
3	王安石	讀刺客傳	策	● ●
6	蘇洵	高帝	制	● ● ●
13	蘇軾	范蠡論	退	● ●
14	蘇軾	伍子胥論	諫	●
16	蘇軾	商君論	加賦	● ●●
30	蘇轍	漢景帝論	殺	● ● ●
19	蘇軾	賈誼論	才	●● ●●
11	蘇軾	始皇論二	便利	● ● ●●
28	蘇轍	漢高帝論	非人	● ● ●

首段就以「人唯好善而求名，是故仁義可以誘而進，不義可以劫而退」[251]起講，點出「仁義」一詞，接著再舉高帝偏愛趙王如意一事為例，認為當時謀臣們並未克盡職守，抓住立說關鍵。而這樣的布局方法，就會讓「仁義」一詞集中出現在前半段，形成與蘇洵〈項籍〉類似的結構。

　　關鍵詞也有集中在文末出現者，如王安石的〈讀孔子世家〉、蘇轍〈秦論二〉、蘇軾〈晁錯論〉。〈讀孔子世家〉是王安石以翻案的方式表達對於司馬遷將孔子列入世家之不當，王安石認為如以身份別，孔子宜入列傳中；如以其人的才幹與影響論，則有帝王之才，其道「世天下可也」，是使用翻案的筆法提出己見。因此，顯著詞會集中在文末之處。晁錯因削藩的建議引起七國之亂，為景帝所殺，後人多為其忠而被誅感到嘆息，但蘇軾提出創見，認為晁錯本應「出身為天下犯大難，以求成大功」挺身而出，但晁錯卻在七國之亂起時，選擇居守自安，是其失敗的主因，而以「世之君子，欲求非常之功，則無務為自全之計」[252]作結。而這篇文的關鍵自就是「自」，自全、自安、自保，集中出現在後半段的篇幅，也是屬於翻案的文章類型。由是可知，翻案的文章類型常以鋪敘後提出獨特見解為主，語不驚人死不休，因此關鍵字常會落在文脈的後方。

---

[251] 蘇軾〈漢高帝論〉，明‧茅坤：《唐宋八大家文鈔》（臺北：臺灣商務印書館，1983年），文淵閣四庫全書本，頁 806-807。
[252] 蘇軾〈晁錯論〉，明‧茅坤：《唐宋八大家文鈔》（臺北：臺灣商務印書館，1983年），文淵閣四庫全書本，頁 566-567。

　　當然還有前後呼應者，這類的作品為數不少。如王安石〈讀孟嘗君傳〉、蘇洵〈譽妃論〉、蘇洵〈六國〉、蘇軾〈武王論〉、蘇軾〈樂毅論〉、蘇軾〈留侯論〉、蘇轍〈周論〉。如蘇軾〈樂毅論〉的關鍵字在「王」，做動詞，蘇軾此篇先在首句「自知其可以王而王者，三王也；自知其不可以王而霸者，五霸也」[253]點出旨趣，以樂毅攻齊為例，認為人貴自知，必須了解自己所在的時空位置，做出適當的舉措；反之如不合時宜，終將招來失敗。因此再結尾時再次強調「欲王則王，不王則審所處」[254]，以收首尾呼應之效。再如蘇轍〈周論〉，開端引用《禮記》、《論語》，以「周之政尚文」破題，接著用上推生民之初承接，推導由質到文的歷史進程，然後主張「文」可以安人所不安，是「事之所當然」[255]。最後再以「自周而下，天下習於文，非文則無以安天下之所不足，此其勢然也」[256]收束全文，表達符合周文禮制的文教理念。則「文」作為關鍵詞，就集中出現在文中前後的位置，於分布圖即是左右兩端，亦是前後呼應，首尾相應的結構。

　　而關鍵字綿密連綿不斷者，也是《史論文》關鍵詞分布圖中數

---

[253] 蘇軾〈樂毅論〉，明・茅坤：《唐宋八大家文鈔》（臺北：臺灣商務印書館，1983年），文淵閣四庫全書本，頁 560-561。

[254] 蘇軾〈樂毅論〉，明・茅坤：《唐宋八大家文鈔》（臺北：臺灣商務印書館，1983年），文淵閣四庫全書本，頁 560-561。

[255] 蘇轍〈周論〉，明・茅坤：《唐宋八大家文鈔》（臺北：臺灣商務印書館，1983年），文淵閣四庫全書本，頁 784-786。

[256] 蘇轍〈周論〉，明・茅坤：《唐宋八大家文鈔》（臺北：臺灣商務印書館，1983年），文淵閣四庫全書本，頁 784-786。

量極多的狀況。如蘇軾〈平王論〉、蘇軾〈始皇論一〉、蘇轍〈六國論〉、蘇轍〈秦論一〉、蘇轍〈始皇論〉。前已說明，在蘇軾〈平王論〉中，周平王東遷成了蘇軾對於北宋遷都之議的寄託，那麼「遷」這個詞彙，就成了貫串全文的文脈。該文可分為五段：第一段先述平王東遷一事；第二段再以平民百姓安土重遷承接尚文；第三段舉歷史上幾個遷都的成功案例，皆非因為避敵而遷；第四段舉幾個避敵遷都之議，證明該方法無益於朝政；最後再排比魏惠王、楚昭王、頃襄王、考烈王、董卓、李景遷的例子，說明避敵而遷都最終導致滅亡的後果，因此總結平王東遷乃周朝一大失策。段段相承，接緊扣著「遷」字立說，則以「遷」作為關鍵詞繪製的分布圖，就會呈現出一條明顯連綿不斷的文脈。而蘇轍〈秦論一〉則是從大一統的角度切入，以「天下」為顯著詞，申論觀點。該文可分成三段：第一段對比秦、漢得天下的經歷，認為秦朝苦心經營多年，在取得天下後國祚甚短，反之漢朝得天下甚速，卻能傳之百年，引起其後的討論。第二段再承接第一段，詳述秦、漢得天下的過程，最後推導出能否持有天下的關鍵並非取決於謀取天下的準備過程。那麼，如何才能取得天下並長治久安呢？於是蘇轍第三段用周朝為例，說明為政者退而修德，用之有時才是經營天下之道。因此蘇轍的這篇文章，「天下」一詞，綿密不斷的分布在各段之中，讓觀點透過層層推衍，而能據理立說。

在這些史論文中，顯著詞或破題於篇首；或翻案於文末；或首尾呼應；或前後貫穿、連綿不斷，甚少集中出於文中者，唯一明顯

的例外就是蘇轍的〈漢文帝論〉，其顯著詞「削」，集中分布在篇幅中段的位置，又要如何解釋呢？我們檢索原篇，近讀原文，不難發現該篇雖論漢文帝，但實際到了中段「景帝不能忍」開始，就轉入談景帝用晁錯削藩招致七國之亂，反面襯托出文帝能柔御天下的高明。蘇轍詳述晁錯建議景帝削藩一事，並引晁錯削藩之論，加強立說。然後最後再以「制之者，固多術」一轉，說明文帝御下之高明，而晁錯只是好名貪利小丈夫的代表人物而已。以此觀之，該文的文眼應是「柔」或「制」，而非「削」字。那麼為什麼詞語顯著性的結果會與文眼不同呢？前已說明，詞語顯著性是透過兩個語料庫之間的比較而來，那麼語料庫的選用就會左右顯著性計算的結果，以蘇轍〈文帝論〉為例，其欲以景帝、晁錯對比文帝，那麼參照語料庫除了〈孝文本紀〉外，應該還要納入〈孝景本紀〉。而在標的語料庫方面，由於全文共 353 字，晁錯「諸侯強大，削之亦反，不削亦反。削之，則反疾而禍小；不削，則反遲而禍大」的引用就有 28 個字，近十分之一的篇幅，因此可將標的語料庫刪除引用晁錯的文字重新計算詞語顯著性，那麼「柔」、「制」的詞語顯著性皆為 6.46，並列最高，其關鍵詞分布圖就會呈現圖 6.5：

圖 6.5　蘇轍〈漢文帝論〉「柔」與「制」關鍵詞分布圖

圖 6.5 中「柔」分布於開端，「制」則如果文眼是「制」，則就偏向於文末翻案的方法。而就本篇的內容來說，由於一開始蘇轍就點出

了「柔」，並於其後申論漢文帝能夠降伏南越，並與吳王相安無事，因此「文眼」應更趨向「柔」。當然，如「柔」也可視為「制」的方法之一的話，那麼本文也可以歸入前後呼應的結構。但不論是起首破題、結尾翻案，還是前後呼應，皆不會是關鍵詞獨立出現於文章中段的狀態。因此欲以詞語顯著性尋找文眼，語料庫的選擇實為關鍵，當參照語料庫的範圍越能與標的語料庫對齊，能涵蓋容納其內容時，就越能計算出正確的結果。

　　經過上述的詞語顯著性和關鍵詞分布的推導，得知詞語顯著性在一定程度上能顯現「其義」，並能示現出「文眼」的分布狀況。而前引劉熙載論全文之旨「或在篇首，或在篇中，或在篇末。」[257]的觀察，於史論文來說，可能較符合「篇首」和「篇末」兩項，較無單獨出現於「篇中」的狀況，而更多是頭尾呼應或者全文以一條清楚的文脈貫串。

　　龔頤正《芥隱筆記》紀載東坡試〈刑賞忠厚之至論〉，「其間有云：『皋陶曰殺之三，堯曰宥之三。』梅聖俞以問蘇出何書。答曰：『想當然耳。』」[258]說明宋代史論文以文運事、因史顯義的狀況，有時為了發揮「其義」，而有填補歷史空白的想像，甚至近乎杜撰的成分。就文、史分流後的史學立場觀之，這當然是不合格的行為，但就回歸到司馬遷編纂《史記》之時，〈伯夷列傳〉餓死於首陽的

257　清・劉熙載：《藝概》（臺北：漢京文化，2004 年），頁 40。
258　宋・龔頤正：《芥隱筆記》（臺北：臺灣商務印書館，1983），《景印文淵閣四庫全書》本，頁 49。

場景、〈淮陰侯列傳〉韓信屏退左右與蒯通密談的內容，不也有許多歷史想像的主動填補嗎？由是可知，太史公私淑孔子，從歷史事件中取其義，以成一家之言的模式，經過閱讀，被宋代史論文的再造。雖因時制宜轉化了評史的視角，但司馬遷資鑑當代、因史顯義以淑世的精神，卻被完全的繼承。並伴隨印刷出版的繁盛、人才選拔制度的誘因，吸引大量文人投入寫作，開拓出多元豐富的內容。

第三節　從文家到評點家

《史記》的「其事」、「其文」，有《漢書》以後的紀傳體史書薪傳；「其義」則有古文家以史論文的方式繼承。然而，既然《史記》在唐宋古文運動中被奉為經典，在成為文章典範之後，除了「其義」的繼承，「其文」當亦有所傳承。

司馬遷曾於〈孔子世家〉說明《春秋》的寫作技巧，是「約其文辭而指博」[259]。約是簡約，指是意旨，整句話合起來就是文辭簡約卻意旨豐富。而在〈十二諸侯年表序〉時，又再一次強調：

> （孔子治《春秋》）……約其文辭，治其煩重，以制義法。[260]

---

[259] 〈孔子世家〉。清・司馬遷：《史記》（北京：中華書局，1982 二版），二十五史點校本，頁 1943。

[260] 清・司馬遷：《史記》（北京：中華書局，1982 二版），二十五史點校本，頁 509。

制者，為製造、訂定之意，說名孔子刪修繁瑣重出的歷史紀錄，用簡約精要的文字表達，以彰顯出旨趣。而這樣的編纂的原理原則，司馬遷以「義法」稱之，說明司馬遷已觀察到孔子寫作方法與內容思想的關係。加上「筆則筆，削則削」的寫法，彰明「貶損之義」、使「天下亂臣賊子懼焉」的功能目的。結合起來，即是所謂的「《春秋》筆法」。[261]司馬遷提出了「義法」一詞，並影響後來文學批評的文法觀。清代桐城派方苞詮釋發揮「義法」一詞：

> 《春秋》之制義法，自太史公發之，而後之深於文者亦具焉。義，即《易》之所謂言之有物也；法，即《易》之所謂言有序也。義以為經，而法以緯之，然後為成體之文。[262]

方苞援引《易經》談言有物、言有序，成為「義法」二大元素；並明確指出《春秋》所包含的義法，由司馬遷繼承，影響古文寫作的文法。由是，「書法、史法、義法、文法」為一，[263]《史記》就成了古文寫作的經典，成為文學批評的對象。。

　　在桐城派之前，早已有將《史記》納入文學批評範圍的現象。如前述柳宗元評價韓愈，以及蘇軾、方苞對歐陽修評論，都屬於此範疇。然而上述的這些評論，多以書信或單篇文章形式收錄於文集

---

[261] 王基倫〈《春秋》筆法的詮釋與接受〉，《國文學報》39 期（2006 年 06 月），頁 1–34。

[262] 方苞〈又書貨殖列傳後〉，清・方苞《方望溪先生全集》（臺北：臺灣商務印書館，1968 年），頁 45。

[263] 張高評：《春秋書法與左傳學史》（臺北：五南出版社，2002 年），頁 57-104。

之中，並非有專門《史記》文學評論的著作。明代興起的評點，讓
《史記》文學批評出現了專門著作，其間名家輩出，並有《史記評
林》的集成之作。評點是中國文學批評的傳統手法之一，原是文人
讀書時隨手於書上筆記，或旁批、或眉批、或偉評、或抹、或圈、
或點，以標示書中精義、心得的讀書習慣。[264]南宋時就有呂祖謙、
樓昉、謝枋得等編選評點古文選本，刊印教導士子作文、備考。

　　明清以八股文取士，嚴格規定文章寫作格式，讓評點文章作法
的書籍更加盛行。在明代中後期起，進入了全盛時期。[265]然而八股
的寫作方式，由於諸多寫作限制，讓文學創作雅正有餘，而生氣不
足。以李夢陽、李攀龍為首的前、後七子古文辭派，主張復古，認
為應以秦漢古文與盛唐詩歌以對抗時文，《史記》就是他們推崇的
秦漢古文重要文本。古文辭派將《史記》作為文章作品和文章範本
來看待。在古文學派後，嘉靖年間還有王慎中、唐順之、歸有光、
茅坤等，他們反對前、後七子擬古，提倡學習韓柳歐曾等唐宋古文，
被稱為唐宋派，而前引《唐宋八大家文鈔》就是茅坤在這樣的主張
下編選出來。而有趣的是，由於唐、宋八大家視《史記》為古文經
典，因此唐宋派儘管反對擬古派，卻也很重視《史記》，並有評點
《史記》之作。[266]嘉靖、萬曆、天啟、崇禎年間，皆有《史記》名

---

[264] 侯美珍：《晚明詩經評點之學研究》，國立政治大學中國文學系博士論文，2003 年，
　　頁 290。
[265] 章培恒、王靖宇〈中國文學評點研究論集序〉，章培恒、王靖宇編：《中國文學評點
　　研究論集》（上海：上海古籍出版社，2002 年），頁 1。
[266] 高津孝〈明代評點考〉，章培恒、王靖宇編：《中國文學評點研究論集》（上海：上海

家評本問世，其中亦不乏匯評集成之作。[267]因此評點《史記》就在時文、反對時文的擬古派、反對擬古派的唐宋派的幾方群體中，成為明代《史記》的重要繼承形式。

　　明代評點對《史記》「其文」的探討，是以文章寫作的角度切入。對於審美價值、人物形象、藝術風格三方面形式技巧的挖掘，尤有長足的進展[268]。而清生於明後，亦持續以評點方式論《史記》文法。筆者曾統計明清評點家之間的引用關係，繪製出關係網路圖[269]。圖 6.6 是根據評點家在評語時引用其他評點家言論繪製的關係網路圖，節點的大小、關係線的粗細受引用次數控制；顏色則以被引用評點家的時代區分，綠色是宋、紅色是明，而藍色則是清。從圖 6.6 中，我們可以看見，清人評點《史記》引用明人為多，尤其集中在圖像中心的歸有光、茅坤、董份、凌約言、陳仁錫、楊慎、

古籍出版社，2002 年），頁 93-94。

[267] 明代中後期《史記》評本，主要包括嘉靖年間有楊慎、李元陽輯訂、高世魁校正《史記題評》；萬曆年間有凌稚隆編《史記評林》，焦竑輯、李光縉匯評《史記萃寶評林》，吳默輯《史記要刪評苑》、袁黃《新鐫了凡傳利用舉業史記方潤》，焦竑編、李廷機注《史記綜芳評林》；天啟朝則有茅坤輯《茅鹿門先生批評史記抄》、唐順之《唐荊川批選史記》；崇禎年間則有孫鑛《孫月峰先生批評史記》等。高津孝〈明代評點考〉，章培恒、王靖宇編：《中國文學評點研究論集》（上海：上海古籍出版社，2002年），頁 94。

[268] 張新科、俞樟華等：《史記研究史及史記研究家》（北京：華文出版社，2005 年），頁 139-154。

[269] 筆者曾於 2021 年發表該圖，現隨著研究新進程，更新歸有光、王拯、張裕釗部分數據，更新圖像。相關討論詳見邱詩雯：〈運用 SNA 探討清代《史記》評點閱讀接受網絡〉，《臺北大學中文學報》29 期（2021 年 3 月），頁 357-391。

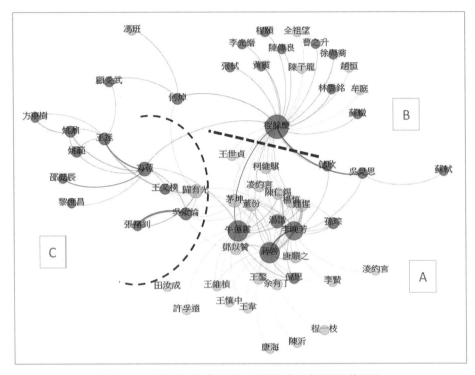

圖 6.6　明清《史記》評點家引用關係圖

鐘惺幾位，可知就影響力而言，這幾位是影響清人評點家較多的人物。再以圖 6.6 的 B 區來看，會發現程餘慶除了明人評點外，還試圖整理部分宋人的評論，以匯評為目標。在 A 區和 B 區間的右方，有儲欣和吳見思兩位，他們不常引用他說，多以自鑄偉詞的方式評點《史記》，並且，他們的評語還常被其他清人評本所引用，可知他們也是清代《史記》評點家影響較大者。

　　最後還有 C 區，受到歸有光影響甚深，其中人物皆為桐城派及湘鄉派文人，可知推崇歸有光並自己形成一個文人群體。歸有光將《史記》視為文學書，用五色彩筆評點《史記》，著有〈史記例意〉，明時未有刊本，卻在士人間廣為傳鈔，桐城文人方苞、劉大櫆、姚範、梅曾亮等皆藏有震川《史記》評點鈔本，各有異同。歸有光評點《史記》的核心論述，乃就《史記》敘事手法而言。如認為《史記》善於起筆，以「起頭處來得勇猛」稱之，劉大櫆亦以為「起頭處」是歸有光學《史記》最有所得之處。[270]而桐城派文人推崇歸有光，有多著眼於《史記》的文學技巧。前已說明，方苞從《史記》演繹義法說，分為言有物和言有序的內容與形式，而這種注重以法顯義的方式，實際仍側重於「法」，使得史家筆法更接近古文文法。[271]而桐城派的姚鼐更細分為格律聲色神理氣味的文章八要素，將司馬遷〈十二諸侯年表序〉、〈六國表序〉、〈秦楚之際月表序〉、〈漢興以來諸侯年表序〉、〈高祖功臣年表序〉、〈建元以來侯者年表序〉等篇選入《古文辭類纂》的選本之中。王拯整理歸有光、方苞評點，加上自己的意見，編有《歸方史記合筆》。[272]而湘鄉派的吳

---

[270] 劉大櫆〈時文論〉其六：「唐、歸、茅三家皆有得於《史記》之妙，荊川所得，多在敘置曲盡處；鹿門所得，多在歇腳處逸響鏗然；震川所得，多在起頭處，所謂來得勇猛者也。」劉大櫆：《劉大櫆集》（上海：上海古籍出版社，1990 年），頁 612。

[271] 邱詩雯：《清代桐城派史記學研究》，（臺北：新文豐出版社，2018 年），頁 27-92。

[272] 邱詩雯：〈方苞《史記評語》校補〉，《中國文哲研究通訊》25 卷第 4 期（2015 年 12 月），頁 185-206。、邱詩雯：〈王拯《歸方史記合筆》探析〉，《東吳中文學報》45（2023 年 5 月），頁 87-114。

汝綸的《史記集評》是以集評的方法，加上己說，合為一本，多關
注義理與辭章的關連。張裕釗則是在刊印《史記》收入歸有光評點。
上述撮舉 C 區的文人作品皆是從古文文法的角度閱讀《史記》，再
加上引用他人或被他人引用的 A、B 區，也多是將《史記》作為文
章寫作範本討論。由是可知，明清評點家關注的是文章作法，聚焦
《史記》「其文」的文學價值。

　　清代評點家對《史記》古文文法的開拓，以評點細部批評寫作，
論《史記》篇章風格。在此之前如韓愈評柳宗元「雄深雅健，似司
馬子長」[273]，即以「雄深雅健」總括太史公筆力風格。而柳宗元在
〈答韋中立論師道書〉中說：「參之太史公以著其潔」[274]，則以「潔」
作為太史公風格的總體印象。方苞〈古文約選序例〉所說「退之變
《左》、《史》之格調，而陰用其義法；永叔摹《史記》之格調，
而由得其風神；介甫變退之之壁壘，而陰用其步伐」[275]，義法、
風神、步伐，方苞已經注意到透過義法的學習，能產生相近的
風格。方苞評點《史記》，也以「潔」作為審美標準，他進一步
闡釋「潔」的風格是由司馬遷詳略剪裁而來：

> 子厚以潔稱太史，非獨辭無蕪累也。明於義法而所載之事不雜，
> 故其氣體為最潔也。（方苞評〈絳侯周勃世家〉）[276]

---

[273] 宋・歐陽修，宋祁：《新唐書》（臺北：鼎文書局，1981 年），頁 5142。
[274] 柳宗元：《柳宗元集》（臺北：漢京文化事業有限公司，1982 年），頁 873。
[275] 姚永樸：《姚永樸文史講義》（南京：鳳凰出版社，2008 年），頁 72。
[276] 方苞此段文字，兩見於其著作：其一，為〈書蕭相國世家後〉，曰：「柳子厚稱

先後詳略，各有義法，所以能盡而不蕪也。（方苞評〈項羽本紀〉：「項梁已破東阿下軍。」）[277]

方苞引述柳宗元說法，強調所謂「潔」是透過義法講究取材選擇、謀篇布局，因所載之事不雜，而能讓文脈清楚，最終達到「潔」的美感。而其評點認為〈項羽本紀〉以秦、楚、劉、項興亡為主軸，為了凸顯敘事主線，無關輕重的情節僅略筆帶過，而能盡而不蕪，以著其「潔」。故透過詳略剪裁，來造成「潔」的美感，是方苞義法說鑑賞論最重要的核心，除文論之外，亦落實在他編選《欽定四書文》與《古文約選》之中，[278]方苞從《史記》學習「潔」的風格，已貫串成為他的審美品味。

　　清代文章家對《史記》風格的掌握，還深入到單獨篇章風格的

太史公書曰潔，非謂辭無蕪累也。蓋明於體要而所載之事不雜，其氣體為最潔耳。」其二，又見於《史記評語》中評〈絳侯周勃世家〉語。方苞評點《史記》文字，在文人間傳鈔已久，後先後被王拯、邵懿辰輯錄為《歸方評點合筆》和《史記評語》二書，其內容，部分與《望溪先生全集》卷二讀史筆記類近，筆者推論，當為方苞在評點《史記》之後，曾撮取數則，改寫成單篇文字。分見方苞：《望溪先生全集》（上海：上海古籍出版社，2010 年），卷 2，頁 39；集外文補遺卷 2，頁 435。

[277] 方苞：《望溪先生全集》（上海：上海古籍出版社，2010 年），集外文補遺卷 2，頁 433。

[278] 如〈《欽定四書文》凡例〉：「凡所錄取，皆以發明義理，清真古雅，言必有物有宗。」，又如〈《古文約選》序例〉：「古文氣體，所貴清澄無滓。清澄之極，自然而發其光精。」，所謂清真古雅，清澄無滓，皆在要求文章「潔」鑑賞境界。詳見許福吉《義法與經世——方苞及其文學研究》（上海：學林出版社，2001 年）頁 150。

觀察。曾國藩曾編有《古文四象》，將文氣中陽剛、陰柔的風格，
用太陽、少陽、太陰、少陰分風格為四象，論文之氣勢、識度、趣
味、情韻，並在各類之下分經、史、百家，並各自收入選文[279]。有
趣的是，曾國藩在四象之下皆收入《史記》部分篇章，說明他已嘗
試區分《史記》的篇章風格，《古文四象》中《史記》選文如表 6.6。
從表 6.6 中，我們可以看到曾國藩的分類大致以文章形式區分：太
陽氣勢所收者多是敘事傳記；太陰識度多有論說的性質；少陰情韻
則是《史記》中〈屈原賈生列傳〉選賈誼的兩篇賦；少陽趣味則選
有〈滑稽列傳〉一篇。這樣的分類，並不只是以文類或內容分類，
還有文章風格的區分。以太陽為例，《史記》選文多以傳記為主，
但同為太陽的史書選文，《漢書》則取〈過秦論〉、〈陳政事疏〉、〈論

表 6.6　《古文四象》《史記》選文表

風格	篇名
太陽氣勢	司馬子長九首（項羽紀、魏公子傳、廉藺傳、田單傳、屈原傳、荊軻傳、田竇傳、李廣傳、報任安書）
太陰識度	史記十一首（十二諸侯年表序、六國表序、秦楚之際月表序、漢興諸侯年表序、孔子世家贊、伯夷列傳、孟荀列傳、外戚傳序、儒林傳、游俠傳、太史公自序（節抄自太史公曰先人有言至自黃帝始）
少陰情韻	史記二首（弔屈原賦、鵬鳥賦）
少陽趣味	史記一首（滑稽傳）

[279] 曾國藩編：《古文四象》，北京：中國書社出版社，2010 年。

積貯疏〉、〈論貴粟疏〉、〈報孫會宗書〉、〈尚德緩刑書〉、〈諫不受單于朝書〉、〈至言〉、〈羽獵賦〉、〈長楊賦〉、〈解嘲〉、〈罷珠崖對〉等篇，反而偏向論說和賦。而同為論說性質的文章，《漢書》中的〈賜南粵王書〉、〈諫起昌陵疏〉、〈極諫外家封事〉、〈戒妃匹勸經學疏〉卻被列入太陰之象。由是可知，就曾國藩選本對《史記》的選擇，可見其對《史記》「其文」的風格已深入至篇章風格的探究。

第四節　結語

　　林紓談清代治《史記》者，可分為二派：「甲派如錢竹汀之《考異》、梁玉繩之《志疑》、王懷祖之《雜志》，均精核多所發明……乙派如歸震川、方望溪及先生（吳汝綸）之讀本，專論文章氣脈，無尚考據。」[280]林紓所謂甲、乙二派，即是考據和文章二家。考據家就求真的角度，考據其史事之真偽、文本之脫衍；而文章家以文章寫作的審美角度，評點文章義法、歸納文章風格。以今日學科分野，前者偏向歷史學，後者則為文學。

　　《史記》之所以同時成為文、史研究之經典，當然與其成書時文史尚未完全分流的創作觀有關。司馬遷私淑孔子，竊比《春秋》，以通變古今歷史之敘事，以「成一家之言」，其創作形式為史書，

280　林紓〈桐城吳先生點勘史記讀本序〉，林紓：《畏廬文集・詩存・論文》（臺北：文海出版社，1973 年），頁 491。

但也是優秀的文學著作。筆者從《史紀》的繼承者，舉《漢書》、北宋史論文、明清評點家為例，「遠讀」《史記》對史家、文家、評點家的影響。

《史記》成書以後，續史者不斷。班固家族歷經西漢過渡到東和的過程，有意整理西漢歷史以資鑑當代。《漢書》原本接近司馬遷修史精神，然而卻後因奉敕續修開始產生官修史書的色彩。《漢書》繼承《史記》漢興以來篇章，調整文字，刪去「世家」併入「列傳」，並改動部分人物的名稱和歸類，展現了不同的史觀。筆者「詞語顯著性」遠讀比較《史記》、《漢書》二書，觀察「其文」發現班固有修正特稱，整齊人稱使其統一，讓史書寫作體例更加一致的考慮。而就「其義」來說，班固則是稀釋了司馬遷引用文學作品的抒情性，加入了大量詔令，讓史料能夠完整保留下來；並且史官個人史識，從「成一家之言」，成為史家專業，成為君王治國資鑑參考。

而《史記》的文章，也在古文運動和後世文人的標榜中，從史家到文家，成為古典散文的文統。在古文家的筆下，以史顯義，史論文成為另一種能夠容受「其義」的存在。宋代在印刷文化和科舉制度的影響下，《史記》成為文人必讀的經典。有部分文人就從《史記》的閱讀經驗中，撰寫史論文。以史論文及其對應《史記》篇章比較而言，可以用詞語顯著性來尋找「其義」。而在宋代文人的筆下，司馬遷因西漢「當代史」而闡釋的「義」，又再次被竊取成北宋「當代史」的「義」，資鑑精神不斷的轉移。而從關鍵詞分布圖

來說，可以看見這些史論文關於「義」的論述，或在前、或在後、或前後呼應、或連綿不絕，較少集中出現在中段者，成為史論文述史夾敘夾議的結構模式。

而到了明清時期，科舉選才改成八股文寫作的方法，起源於南宋的評點方法，在明代大行其道。前、後七子不滿八股文的寫作規定，主張學習秦漢散文，而《史記》就是他們的重要論文文本。唐宋派也不滿前、後七子的擬古主義，主張改由唐、宋八家入手，但唐、宋八家也多學習《史記》，因此《史記》反覆成為關注的焦點。有明一代，《史記》評點輩出，嘉靖萬曆年間，有百家匯評的《史記評林》出現，其後還不斷有續補版本的出現，其評點盛況，可見一斑。評點將《史記》作為文章範本，挖掘「其文」的文章寫作技巧。清代文人評點多引用明人評點，繼續探討《史記》的文學意義。而桐城派文人學習歸有光的視角，評點《史記》，從細部批評方法連結到《史記》風格，並試圖區分《史記》篇章風格為太陽、太陰、少陽、少陰四象，深化《史記》的文學鑑賞論。則《史記》創作的影響，又從文家擴及評點家，從文家將《史記》視為典範，從閱讀變成評點和選本，《史記》「其文」的文學價值在唐、宋、明、清文人的接力中，挖掘出多元而豐富的內容，新變而代雄。

第七章

結論：
遠讀《史記》的焦距

第七章　結論：遠讀《史記》的焦距

每種數位人文研究方法應有不同「焦距」，從事人機合作研究必須「變焦遠讀」，才能觀照到文本最立體的全貌。

　　春秋以前，知識掌握在少數貴族階層之中，直到孔子提出有教無類的想法之後，學術才逐漸流通，開啟戰國諸子百家爭鳴的盛況。孔子修訂圖書，面對春秋封建制度崩壞的現實上，以魯史為基礎作《春秋》，透過歷史的筆削，臧否人物與事件，表達自己的淑世理想。在秦始皇統一六國之後，先後發生焚書坑儒和項羽火燒咸陽事件，先秦典籍大量散佚。高祖入關中，命蕭何收秦圖書，修建天祿閣、石渠閣，收藏秦皇家典籍；惠帝廢秦以來挾書律；文帝廣開獻書之路，逐步充實宮廷圖書。司馬遷出身史官家族，管理圖書文獻。在這樣的基礎上，司馬遷在父親司馬談舊稿的基礎上，鎔鑄先秦西漢百種圖書，加上自己田野調查的資料，撰成《史記》五十餘萬言，則該書不僅是歷史書，更是先秦學術集大成之作。

　　司馬遷撰述《史記》，並不只滿足於「整齊其世傳」的工作，而有竊比《春秋》的寫作動機。其事，上起黃帝，下迄武帝獲麟止，私淑孔子因哀公獲麟而絕筆《春秋》的精神。其文，吸收先秦圖書體例長處，改良為紀傳體，成為正史的敘事傳統。其義，窮究天人的關係，梳理古今的變化，以闡釋自己的歷史哲學與政治理想，成

為體大思精的完整體系。成書以後，在歷代文人的學術接力中，開拓的多元豐富的研究面向，成為專學，影響文學、史學甚深。

數位人文是整合電腦科學工具，進行人文學科的分析與研究，擅長歸納統計大規模、重複性高的資料，並且繪製成可視性圖像，讓研究者能從較大量的文本資料進行分析。這種藉助電腦分析文本的方式或稱為「遠讀」，能彌補文本細讀分析常有見樹不見林的遺憾。然而，「遠讀」和文本細讀並非對立二元的兩端，越來越多數位人文研究者認為應讓「遠讀」和細讀分析各發揮所長，尋求人機合作的新模式。

數位人文研究方法相當多元，包括詞頻分析、社會關係網路、地理資訊空間研究等。筆者以為，如果數位人文研究是一種「遠讀」，那麼，每一種工具方法就應該有不同的「焦距」；從事人機合作時，必須視人文研究的目標，綜合運用工具，從不同角度「變焦遠讀」才能觀照到最立體的全貌。

筆者以《史記》為研究對象，運用人機合作方法，重新探討作者、引書、結構、宗旨、影響等主題。並且根據主題的不同，選定不同數位工具，彼此搭配，變焦閱讀的距離。各項主題的發現已於各章結語詳述，在此側重補充筆者對運用人機合作方法過程的發現。本書運用的數位方法的大致可分為「文本分析比較」和「文本可視圖像」二大類。

　　先談「文本分析比較」一類。筆者主要使用「文本風格分析」、「前後綴詞比較」、「異文比較」、「段落相似度計算」、「詞語顯著性計算」等。以「遠讀」而言，筆者以為「焦距」由遠而近應是：「文本風格分析>詞語顯著性計算>前後綴詞比較>異文比較>段落相似度計算」。

　　文本風格分析是比較兩個文本間字頻的排序，判斷文本間的相似程度。它能初步推廓兩個文本間用字習慣相似度，因此筆者將之用來計算《史記》篇章作者和《史記》篇章風格，以論述司馬遷如何運用父親舊稿。

　　詞語顯著性計算是透過計算，找出尋找兩個相關文本間差異最大的詞彙。當我們排除連詞、代詞、介詞等虛詞之後，就可以看見實詞的顯著性，找尋出接近「旨趣」的關鍵字詞。筆者用《史記》及其引用先秦文獻比較，尋找司馬遷利用文獻編纂《史記》側重的旨趣。又以《史記》、《漢書》二書時間重疊的篇章比較，考察二書編纂旨趣的差異。最後再就北宋史論文與所論《史記》篇章比較，思考高顯著詞反映篇章主旨的程度。

　　再來是前後綴詞比較和異文比較。前者是歸納兩個文本同一目標詞彙的前後綴詞使用狀況，判斷文本間的相似程度。而後者則是觀察同一組異文在兩個不同文本間的使用頻率，以辨別文本差異程度。這兩種方法可以將比較文本的「遠讀」距離從篇章拉近到句子，筆者用以複核《史記》篇章作者歸屬的主題。

　　最後是段落相似度計算，以連續的 N 字詞為單位，計算段落間 N 字詞的使用狀況，以檢測文本間的雷同程度。由於計算結果不只可得到雷同程度的數值，還有比較段落的標示，因此這種方式可以將文本間的比較從篇章、句子再拉近到每個字的比較，是最近的「遠讀」方式。筆者將之運用在《史記》與引用文獻間的比較，藉以驗證數位工具對文獻考證的幫助。

　　上述這些文本分析工具，除了「遠讀」焦距之外，也有比較「異」和「同」的差別。如以文本風格分析、前後綴詞比較、異文比較是觀察兩個文本間相似的「相對程度」；而詞語顯著性計算主要在尋找其「異」；而段落相似度計算主要檢測其「同」。

　　再以「文本可視圖像」一類來說。這一類工具方法，除了計算數值，還能將計算的結果轉換成可視性圖像，示現文本，透過圖像再分析歸納。筆者主要使用「關係網路」、「關鍵詞分布」、「詞語趨勢」三種。而以「遠讀」而言，筆者以為由遠而近的「焦距」應是：「關係網路>詞語趨勢>關鍵詞分布」。

　　關係網路是將詞彙作為節點，詞彙間彼此的關係連結成關係線，透過節點和關係線的尺寸、分布、長短、粗細等，觀察詞彙間的親疏遠近關係。節點間的關係可以由詞彙共現關係而來，如《史記》人物間的共現關係，筆者就是將二人共同出現的次數，作為關係權重，轉換成關係網路圖。節點間的關係也可以由其他數值決定，如筆者計算《史記》體例間的關係時，就是以人物在篇章出現次數

作為權重，觀察章節間的關聯性。因此可以根據研究主題的不同，靈活調整權重取得的方式。而這種通覽全書關係的圖像，筆者認為具有文本可視圖像中較遠的距離。

而詞語趨勢和關鍵詞分布是文本可視圖像中較短的距離。前者是將同一詞彙在不同章節中出現的頻率運用可視化圖像呈現；後者則將文本時間轉換成直線，以色點示現關鍵詞出現分布情形。在本書中筆者用來談孔子在《史記》中的分布，以及宋代史論文中文眼的分布狀態等。

透過本書的嘗試，證明了上述工具方法「變焦遠讀」的適用性，可以幫助我們重新挖掘《史記》更豐富多元的面貌。然而應當要強調的是，在人機合作的過程中，最核心的關鍵還是「人」，尋找研究主題、選擇搭配工具、清洗文本數據、解讀分析結果等流程，「人」始終都是不可或缺的主要的研究者，「工具方法」只是輔助的研究工具。以本書來說，《史記》篇章作者、引書、結構等研究主題，都是在顧頡剛、李長之、趙生群、瀧川資言、阮芝生等前人研究成果之上，才能在巨人的肩膀上，學術接力，繼續推進。而在搭配工具和清洗數據過程中，也要借助中研院上古漢語標記語料庫的斷詞標記結果，參考 Docusky、CORPRO、CTEXT、Gephi 等工具相關研究成果，以及《史記》虛詞研究歸納，才能讓方法選用更貼近研究主題。而再從解讀分析結果來說，除了可與前人評點的細部批評比較外，更是要將數據分析結果，回歸到文本，用文本細讀分析

檢驗其結果。因此數位「遠讀」《史記》，是以人為主導進行人機合作的結果。

　　本書嘗試著以數位人文視野來觀察《史記》的各種面向，獲得初步輪廓。與文本細讀分析相比，機器遠讀儘管有部份侷限，但由於其能在短時間之中處理大量文獻的特性，實際能擴充研究的廣度。問渠那得清如許？為有源頭活水來。筆者以新視角再次詮解《史記》，補充《史記》研究文獻、敘事傳統研究的內涵；同時探討運用數位人文運算對於傳統文史研究的效度，是對人機共讀可能模式的全新嘗試。全書到此雖然已告尾聲，但真正的探險才正要啟程。《史記》這部體大思精的經典，還有更多值得深究的主題，將隨著人類對數位科技的發展進程，持續傳承與開拓，新變而代雄。

徵引文獻

（一） 傳統古籍（以編著者年代先後排序）

1. 戰國・孟軻著，清・焦循疏，《孟子正義》，北京：中華書局，1972 年。

2. 漢・司馬遷，《史記》，北京：中華書局，1982 年二版。

3. 漢・劉安等編著：《淮南子》，上海：上海古籍出版社，1989 年。

4. 漢・班固撰，《漢書》，臺北：鼎文書局，1986 年。

5. 漢・鄭玄著，唐・孔穎達疏，《禮記著疏》，臺北：藝文印書館，1955。

6. 晉・杜預集解，唐・孔穎達正義，《春秋左傳正義》，臺北：藝文印書館，1993 年。

7. 梁・蕭統，《文選》，臺北：藝文印書館，1991 年十二版。

8. 劉宋・范曄撰，《後漢書》，臺北：鼎文書局，1981 年。

9. 唐・房玄齡等，《晉書》，臺北：鼎文書局，1980 年。

10. 唐・劉知幾，《史通》，臺北：臺灣商務印書館，1965 年。

11. 唐・柳宗元，《柳河東集》，臺北：世界書局，1963 年二版。

12. 宋・朱熹，《四書集注》，臺北：漢京文化，1983 年。

13. 宋・李昉，《太平御覽》，北京：中華書局，1960 年。

14. 元・脫脫，《宋史》，臺北：藝文印書館，1958 年。

15. 宋・歐陽修、宋祁，《新唐書》，臺北：鼎文書局，1981 年。

16. 宋・蘇軾，《蘇軾文集》，北京：中華書局，1986 年。

17. 宋・鄭樵，《通志》，臺北：臺灣商務印書館，1959 年。

18. 宋・龔頤正，《芥隱筆記》，臺北：臺灣商務印書館，1983 年。

19. 明・茅坤，《唐宋八大家文鈔》，臺北：臺灣商務印書館，1983 年。

20. 清・金聖歎著，曹方人、周錫山標點，《貫華堂第五才子書》，南京：江蘇古籍出版社，1985 年。

21. 清・陳夢雷、蔣廷錫，《理學匯編》，上海：中華書局，1965 年。

22. 清・方苞，《方望溪先生全集》，臺北：臺灣商務印書館，1968 年。

23. 清・方苞，《望溪先生全集》，上海：上海古籍出版社，2010 年。

24. 清・劉大櫆，《劉大櫆集》，上海：上海古籍出版社，1990 年年。

25. 清・阮元校勘，《十三經注疏附校勘記》，北京：藝文印書館，2001 年。

26. 清・曾國藩編，《古文四象》，北京：中國書社出版社，2010 年。

27. 清・郭嵩燾，《史記札記》，臺北：樂天書局，1971 年。

28. 清・劉熙載，《劉熙載全集》，南京：江蘇古籍出版社，2002 年。

29. 清・劉熙載，《藝概》，臺北：漢京文化，2004 年。

30. 清・林紓，《畏廬文集》，臺北：文海出版社，1973 年。

（二）　近人專著（以筆畫排序）

1. Edwaed.H.Carr 著，王任光譯，《歷史論集》，臺北：幼獅文化事業股份有限公司，1988 年。

2. Hayden White 著，劉世安譯，《史元》，臺北：麥田出版公司，1999 年。

3. John Tosh 著，趙干城、鮑世奮譯，《史學導論》，臺北：五南圖書出版公司，1988 年。

4. Stephen Durrant 著，丁波、丁慧添譯，《朦朧的鏡子：司馬遷筆下的矛盾與衝突》，北京：商務印書館，2023 年。

5. 王廣福，《史記》採《戰國策》考論》，重慶：西南師範大學中國古代文學碩士論文，2001 年。

6. 王鐘翰、安平秋，《二十五史說略》，北京：中華書局，2015。

7. 古國順，《司馬遷尚書學》，臺北：中國文化大學中國文學研究所博士論文，1985 年。

8. 余其濬，《司馬遷以實事求是精神治史探微》，國立臺灣大學中國文學系博士論文，2014 年。

9. 吳慶峰，《史記虛詞通釋》，濟南：齊魯書社，2006 年。

10. 吳慶峰主編，《《史記》虛詞通釋》，濟南：齊魯書社，2006 年。

11. 呂世浩，《從《史記》到《漢書》—轉折過程與歷史意義》，臺北：臺大出版中心，2009 年。

12. 李長之，《司馬遷之人格與風格》，臺北：開明書局，1995 年臺十七版。

13. 林富士，《數位人文白皮書》，臺北：中央研究院數位文化中心，2017 年。

14. 邱詩雯，《《史記》之「改」、「作」與歷史撰述》，臺北：花木蘭文化事業有限公司，2012 年。

15. 邱詩雯，《清代桐城派史記學研究》，臺北：新文豐出版公司，2018 年。

16. 金德建，《司馬遷所見書考》，上海：上海人民出版社，1963 年。

17. 侯美珍,《晚明詩經評點之學研究》,國立政治大學中國文學系博士論文,2003 年。

18. 姚永樸,《姚永樸文史講義》,南京:鳳凰出版社,2008 年。

19. 張大可、趙生群編,《史記文獻與編纂學研究》,北京:華文出版社,2005 年。

20. 張高評,《印刷傳媒與宋詩特色》,臺北:里仁書局,2008 年。

21. 張高評,《春秋書法與左傳學史》,臺北:五南圖書出版公司,2002 年。

22. 張新科等,《史記研究史及史記研究家》,北京:華文出版社,2005 年。

23. 梁啟超,《中國歷史研究法》,臺北:商務印書館,2019 年。

24. 許福吉,《義法與經世—方苞及其文學研究》,上海:學林出版社,2001 年。

25. 郭宗南,《北宋史論文研究》,國立彰化師範大學博士論文,2014 年。

26. 陳寅恪,《陳寅恪史學論文選集》,上海:上海古籍出版社,1992 年。

27. 程千帆,《史通箋記》,武漢:武漢大學出版社,2008 年。

28. 楊燕起等,《史記集評》,北京:華文出版社,2005 年。

29. 靳德峻,《史記釋例》,上海:商務印書館,1934。

30. 劉偉民,《司馬遷研究》,臺北:國立編譯館,1975 年。

31. 潘重規、于大成編,《史記論文集》,臺北:木鐸出版社,1975 年。

32. 蔡信發,《話說史記》,臺北:萬卷樓圖書公司,1995 年。

33. 鄭之洪,《史記文獻研究》,成都:巴蜀書社,1997 年。

34. 魯迅，《漢文學史綱》，臺北：風雲時代出版社，1990 年。

35. 賴明德，《司馬遷之學術思想》，臺北：洪氏出版社，1983 年修訂版。

36. 錢存訓，《中國紙和印刷文化史》，桂林：廣西大學出版社，2004 年。

37. 魏聰祺，《太史公「成一家之言」研究》，東吳大學中國文學系博士論文，2001 年。

38. 魏聰祺，《史記引經考》，臺北：東吳大學中國文學研究所碩士論文，1991 年。

39. 瀧川資言，《史記會注考證》，高雄：麗文圖書公司，1997 年。

40. 顧立三，《司馬遷撰寫史記採用左傳的研究》，臺北：正中書局，1980 年。

（三） 專書單篇、期刊論文（以筆畫排序）

1. **Dan Shen**, "What is the Implied Author?" *Journal of Style*, Vol. 45, No. 1(2011),pp80-98.

2. 王基倫〈《春秋》筆法的詮釋與接受〉，《國文學報》39 期（2006 年 06 月），頁 1-34。

3. 王曉光、陳靜：〈數字人文打開文化新視野（高峰之路）〉，《人民日報》，2020 年 2 月 25 日，20 版。

4. 李偉泰〈《史》、《漢》論贊比較十三則〉，《臺大文史哲學報》64 期（2006 年 5 月），頁 41-72。

5. 杜協昌：〈利用文本採礦探討《紅樓夢》的後四十回作者爭議〉，《數位人文研究與技藝》（臺北：臺大出版中心，2014 年），頁

93-120。

6. 杜協昌：《利用文本採礦探討《紅樓夢》的後四十回作者爭議》，在項潔編：《數位人文研究與技藝》（臺北：臺大出版中心，2014年），頁 93-120。

7. 阮芝生：〈論史記五體的體系關聯〉，《臺大歷史學報》第 7 期（1980年 12 月），頁 1-30。

8. 阮芝生：《司馬遷的史學方法與歷史思想》第三章，收入《書目季刊》7 卷 4 期（1974 年 3 月），頁 17-35。

9. 阮芝生〈論史記中的孔子與春秋〉，《臺大歷史學報》23 期（1999年 6 月），頁 1–59。

10. 易平：〈褚少孫補《史》新考〉，《臺大歷史學報》第 25 期（2000年 6 月，頁 151-180。

11. 邰沁清、夏恩賞等：〈數位人文視角下的金庸文本挖掘研究〉，《數位人文》2020 年第 4 期。

12. 邱偉雲：〈關鍵詞叢與文本意義挖掘的嘗試：以《清季外交史料》為例〉，《數位人文在歷史學研究的應用》（臺北：臺大出版中心，2011 年），頁 159-188。

13. 邱詩雯：〈《史記》隱含作者可視化分析〉，衣若芬主編：《大有萬象：文圖學古往今來》（新加坡：文圖學會，2022 年 10 月），頁 241-248。

14. 邱詩雯：〈方苞《史記評語》校補〉，《中國文哲研究通訊》25 卷第 4 期（2015 年 12 月），頁 185-206。

15. 邱詩雯：〈王拯《歸方史記合筆》探析〉，《東吳中文學報》45（2023年 5 月），頁 87-114。

16. 邱詩雯：〈運用 SNA 探討清代《史記》評點閱讀接受網絡〉《臺北大學中文學報》29 期（2021 年 3 月），頁 357-391。

17. 邱詩雯〈《史記》作者數位化研究初探－以三十世家虛字字頻為例〉，《數位典藏與數位人文》2 期 (2018 年 10 月)，頁 49-69。

18. 金觀濤等：〈「共現」詞頻分析及其運用－－以「華人」觀念起源為例〉，《數位人文要義——尋找類型與軌跡》（臺北：臺大出版中心，2012 年），頁 141-170。

19. 高津孝〈明代評點考〉，章培恒、王靖宇編：《中國文學評點研究論集》（上海：上海古籍出版社，2002 年），頁 93-94。

20. 高禎霙：〈封禪與德治—讀《史記‧封禪書》〉，《中國文化大學中文學報》40 期（2020 年 8 月），頁 55-72。

21. 章培恒、王靖宇〈中國文學評點研究論集序〉，章培恒、王靖宇編：《中國文學評點研究論集》（上海：上海古籍出版社，2002 年），頁 1。

22. 陳大康：《從數理語言學看後四十回的作者—與陳炳藻先生商榷》，《紅樓夢學刊》1 期（1987 年），頁 293-318。

23. 鄒濬智：〈《史記‧貨殖列傳》經濟思想體系試構〉，《龍華科技大學學報》23 期（2008 年 6 月），頁 157-167。

24. 趙薇：〈社會網路分析與「《大波》三部曲」的人物功能〉，《山東社會科學》2018 年 9 期。

25. 趙薇：〈網路分析與人物理論〉，《文藝理論與批評》，2020 年 2 月，頁 38-46。

26. 鄭文惠：〈情感現象學與色彩政治學——中唐詩歌白色抒情系譜的數位人文研究〉，《數位人文——在過去、現在和未來之間》（臺

北：臺灣大學出版中心，2016 年），頁 207-258。

27. 盧南橋：〈論司馬遷及其歷史編纂學〉，載於《司馬遷與史記》（臺北：中華書局，1957）。

28. 謝承恩等：〈結合漢典古籍虛詞常見字與統計量化分析進行漢譯佛典譯者風格辨別〉，《數位人文要義——尋找類型與軌跡》（臺北：臺大出版中心，2012 年），頁 117-140。

（四） 外文專著（以筆畫排序）

1. **Biber, D., Conrad, S. & Reppen, R.**, *Corpus Linguistics: Investigating Language Structure and Use*, (Cambridge, UK: Cambridge University Press, 1998).

2. **Bondi, Marina & Mike Scott** (eds.), "*Keyness in Texts*" （ Amsterdam/Philadelphia: John Benjamins Publishing Company.2010）。

3. **Mike Scott & Christopher Tribble**, *Textual Patterns: Key Words and Corpus Analysis In Language Education*(Philadelphia: John Benjamins, 2006）.

4. **Moretti, Franco,** "*Distant reading*"（London ; New York : Verso, 2013）

5. **S. Martin, W. M. Brown, R. Klavans, and K. Boyack** (to appear, 2011), "OpenOrd: An Open-Source Toolbox for Large Graph Layout," SPIE Conference on Visualization and Data Analysis (VDA).

（五） 數位工具（以筆畫排序）

1. Sturgeon, Donald (ed.). 2011. 中國哲學書電子化計劃。
   http://ctext.org
2. 關河嘉、陳光華：〈庫博中文獨立語料庫分析工具之開發與應用〉，
   在項潔編：《數位人文研究與技藝第六輯》（臺北：國立臺灣大學
   出版中心，2016 年）。
3. 中央研究院上古漢語語料庫。
   https://lingcorpus.iis.sinica.edu.tw/ancient/
4. 臺灣大學數字人文研究中心（2017，2021）。DocuSky 數位人文
   學術研究平臺。

國家圖書館出版品預行編目（CIP）資料

遠讀《史記》／邱詩雯著. -- 初版. --

臺北市：五南圖書出版股份有限公司，

2024.01

　面；　公分

ISBN 978-626-366-853-9(平裝)

1.CST：史記　2.CST：研究考訂

610.11　　　　　　　　112020704

4X37

遠讀《史記》

作　　者 ― 邱詩雯 (151.9)

發 行 人 ― 楊榮川

總 經 理 ― 楊士清

總 編 輯 ― 楊秀麗

副總編輯 ― 黃文瓊

責任編輯 ― 吳雨潔

封面設計 ― 姚孝慈

出 版 者 ― 五南圖書出版股份有限公司

地　　址：106 台北市大安區和平東路二段 339 號 4 樓

電　　話：(02)2705-5066　　傳　　真：(02)2706-6100

網　　址：https://www.wunan.com.tw

電子郵件：wunan @ wunan.com.tw

劃撥帳號：01068953

戶　　名：五南圖書出版股份有限公司

法律顧問　林勝安律師

出版日期　2024 年 1 月初版一刷

定　　價　新臺幣 350 元

經典永恆・名著常在

五十週年的獻禮——經典名著文庫

五南，五十年了，半個世紀，人生旅程的一大半，走過來了。

思索著，邁向百年的未來歷程，能為知識界、文化學術界作些什麼？

在速食文化的生態下，有什麼值得讓人雋永品味的？

歷代經典・當今名著，經過時間的洗禮，千錘百鍊，流傳至今，光芒耀人；

不僅使我們能領悟前人的智慧，同時也增深加廣我們思考的深度與視野。

我們決心投入巨資，有計畫的系統梳選，成立「經典名著文庫」，

希望收入古今中外思想性的、充滿睿智與獨見的經典、名著。

這是一項理想性的、永續性的巨大出版工程。

不在意讀者的眾寡，只考慮它的學術價值，力求完整展現先哲思想的軌跡；

為知識界開啟一片智慧之窗，營造一座百花綻放的世界文明公園，

任君遨遊、取菁吸蜜、嘉惠學子！